ヤマケイ文庫

大人の男のこだわり野遊び術

本山賢司　細田 充　真木 隆

Motoyama Kenji, Hosoda Mitsuru, Maki Takashi

Y L
Yamakei Library

大人の男のこだわり野遊び術　目次

第1章【いざ、野山へ】

第2章【野遊び道具】

第3章【フィールド体験】

第4章【焚火】

第5章【酒、肴、料理】

第6章【快適な夜を……】

イラストレーション：本山賢司
写真：真木 隆
編集：原 康夫、勝峰富雄（山と溪谷社）
校正：後藤厚子
デザイン・DTP：勝峰 微＋渡邊 怜

まえがき

本山賢司

男はこうあるべきだ、などとはおこがましくていえはしない。が、長い年月野外で遊んできて、それなりの工夫をしてきたことを振り返ってみると、平均値から外れた妙ちきりんな行動と映るかもしれないが、大人の男の野遊びはこうだ、ぐらいはいえるだろう。ここ数年はアウトドアライフのブームで、特にオートキャンプが流行だ。自動車を使おうが自力で歩こうが、野外に出ることはとてもいいことだ。しかし、キャンプ場の現状を見れば、混雑した海水浴場やスキー場と同じ空間の楽しみ方しかしていないという、底の浅さがいやでも目についてしまう。空間を楽しもうという感覚が麻痺しているなら、家にいた方がまだましではないだろうか。

本書のタイトルにもなっている「大人」というのは、独立した個人のことを指すのであって、年齢や性別を限ったことではない。しかしその後に「男」と続いているが、即男性優位主義だなどと思わないでいただきたい。タイトルの文字面上こうなっているのである。言葉のリズムとでも解釈していただけるとありがたい。

本書では、野遊びを通じて知りあった三人の男が、各自の独断と偏見のごたくを並べているが、前にも述べた独立した個人ということが根底の共通事項になっている。これはひとつの仲間論と、いい替えることができるかもしれない。彼らと一緒のときは、これをしていいか、などと聞くようなことはほとんどない。それぞれが勝手に動き、勝手に振るまっている。それでも焚火はふいごのようにたくましい音と炎をあげてほどよい状態を保ち続けているし、それに見あうだけの量の薪《まき》は保たれている。

それぞれが改良工夫した道具を自慢し、小さな傷にまつわる話などをし、他愛なく時を過ごしている。傍らにはアシやヨシ、あるときはオトコヨモギでふいたベッドがあり、あとはその上にあるシュラーフにもぐりこめばいい状態になっている。ここでは職業も、年齢も関係がない。焚火に費やした日数と、どのくらい旨くて野蛮な料理が作れるか、というのが資質を支えるひとつの目安になっているだけなのである。

いったい何歳ぐらいまでこうやって野遊びを続けるのだろう、という話になったことがあった。僕はすぐに一生と思った。ほかのふたりも、ジジイになっても、という答えになって、大笑いになった。そうなったら、何とさっぱりするだろう。「大人」も「男」も、もう関係がないのだ。ただひとこと「ジジイの野遊び」でいいのだから。繰り返していうが、これは焚火の前の戯れ言ではない。真剣にそう思っているのである。

第1章
いざ、野山へ

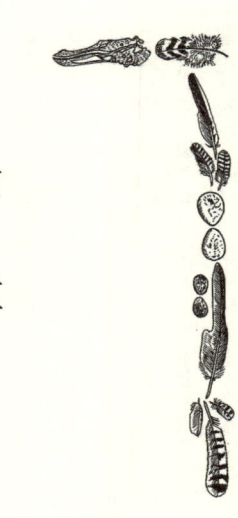

野遊び人は体が資本

最初にいってしまうと、あらゆる野遊びの基本は体力だ。
慣れない野山で一日動き回れば疲れるのは当然のこととして、夜、焚火を囲んで一杯やり、冷たい夜風に吹かれるだけでも体力は消耗する。同じ姿勢で長時間座っているからあちこちの関節がぎくしゃくするし、そのままデコボコした地べたに寝るから朝になってもこのぎくしゃくは治らないばかりか増進されている。分別がつき始めた代わりに体力を失いつつある……。「大人の男」にとってこれは由々しき問題なのだ。

それでもけっこう、という人はいいのだが、より快適に遊び、かつ怠けたいというのなら、体力増進とまではいかなくても、せめて体力を維持するように日ごろから努めたい。といっても、いきなりアスレチックジムの会員になる必要はない。日常の暮らしのなかで無理なくできることから始めればいい。何より大切なのは長続きさせることなのだ。

まずは、歳とともに硬くなる体を柔軟に保つためのストレッチング。これは犬を見習えばいい。犬は朝一番で飼い主と会うとき、必ずストレッチングをやる。「散歩に

行こうぜ」「飯にしてくれ」という期待に満ちた目で飼い主を見ながら、前肢《まえあし》を肘が地面につくくらい伸ばし、同時に背中を反らす。次に後肢《あとあし》を思い切り後ろに伸ばし、ついでに大あくびをして首と顔周辺の伸展も図る。こうして犬の一日が始まるのだ。

我々もこの愛すべき仲間の真似をしよう。ただし、ストレッチングにもルールがある。呼吸を止めない、反動をつけない、苦痛を感じるほど伸展してはいけない、などが基本だ。さらに詳しく知りたければ、専門書を手に入れよう（『アンダーソンのストレッチング』など）。いずれにしても、日ごろ機会あるごとにストレッチングしていれば効果はあるはずで、椅子に座るときに思わず「ドッコイショ」などといってしまい、笑われることもなくなる。

体力を維持するには適度な運動も必要だ。しかし、まったくスポーツなどと縁遠い暮らしをしている人が突然ランニングや水泳を始めるのはちょっと考えもので、三日坊主という悪いパターンにはまる可能性が強い。

そこで散歩からスタートしよう。たかが散歩と馬鹿にしてはいけない。規則正しく、穏やかな呼吸で体の隅々まで新鮮な酸素を送りこむ、散歩は有酸素運動（エアロビクス）の基礎中の基礎なのだ。しかも骨格や筋肉にも優しい。

まずは普通の速度で始める。やがて正しい姿勢で腕をしっかりと振りながら早歩きができるようになるし、アップダウンを利用して上りでは心臓を、下りでは筋肉を鍛えることもできる。こうなったら徐々にランニングに移行してもよいかもしれない。

さて、散歩にはもうひとつの効能がある。それはゆっくりとした速度だから周りの小さなことにまで目を配る余裕が生まれる、ということだ。例えば、道端に咲いているのがセイヨウタンポポなのかニホンタンポポなのか、とか、目の前を飛んでいるのがモンシロチョウなのかスジグロチョウなのか、といった疑問を持つことも、それを調べることもできるということなのだ。

これは野遊び人の目を鍛える重要なトレーニングになる。

ふだんは、散歩などする時間がないという人は通勤を散歩にすればよい。ひと駅手前で降りて歩く、階段を一段おきに上る、電車のなかで吊革を使わず、つま先立ちでバランスを取る、などなど方法はいろいろある。

このようなトレーニングが絶対に必要だとはいわないが、野外で快適に暮らすには体が丈夫なほうがよいのは事実だ。それに、運がよければ会社の帰り道、小川のほとりの石垣のすき間にキセキレイの巣を見つけることもできるかもしれない。

僕の自己流〝地図の使用術〟

源流のイワナ釣りで知られる植野稔さんは、新しい釣り場の発見法として、『マップル』（昭文社発行）から未知のイワナ釣り場を探す……という話を著書に書いていた。道路事情が格段によくなった現在、区間距離が明示された判型の大きい『マップル』は非常に便利だし、アプローチの遠い源流釣りでもスケジュールが立てやすく、未知のイワナ釣り場を探すにはかなり役立つものらしい。

野遊びに地図は必要不可欠だが、いざフィールドに入って威力を発揮するのが、等高線が明示され、距離と方角が読み取れる地形図だ。一般的にいう地形図とは、手に入れやすい国土地理院発行の五万分ノ一、または二万五〇〇〇分ノ一地形図を指すが、縮尺が小さく、よりフィールドに即した点で、二万五〇〇〇分ノ一地形図の方が便利。ところで『マップル』や地形図では地図の一般情報しか書きこまれていないので、野遊びに使うには少々不満。例えば、樹木や草木、また哺乳動物、魚類、昆虫、野鳥などの自然生態情報が地図を手にすることで入手できれば、さらにフィールドは広がるはずだ。

この自然生態情報を得る手段として便利なのが、[※1]環境庁が製作した[※2]『動植物分布図』。これは県別に分かれた二〇万分ノ一の縮尺図で、環境庁が全国のフィールドワーカーや研究者に委託して、聞き取り調査を実施し、そこで得られた情報を落としこんだものだ。主な情報としては、特定植物群落、動物分布（哺乳類、両生類・は虫類、淡水魚、昆虫類）、河川（原生流域）、干潟・藻場・サンゴ礁分布などがあり、それらの選定基準もＡＢＣのランクが記されている。「特定植物群落」という項目を例に取ると、次のような選定基準から情報を区分している。

Ａ原生林もしくはそれに近い自然林。

Ｂ国内若干地域に分布するが、極めてまれな植物群落または個体群。

（中略）

Ｃ乱獲そのほかの人為の影響によって、当該都道府県内で極端に少なくなるおそれのある植物群落または個体群。

やはり珍しい動物とは出会ってみたいし、野宿をよしとすれば、ミズナラの大木の下で寝てみたいなどとなる。その点で、この地図を手に入れてからは、比較的に自然度が高いフィールドで遊べるようになった。その意味で野遊びにはおすすめの地図のひとつだ。

ちなみに『動植物分布図』は（財）日本野生生物研究センター[※3]で販売している。また森の主要を構成する樹木だけの自然植生、植林植生とその自然度情報を五万分ノ一地形図に落とした『現存植生図』もあり、こちらも捨てがたい。

先日、白神山地などのブナ原生林コンサートで活躍するギタリストの佐藤正美さんから、氏の友人で札幌在住のギタリスト、平佐修さんという方を紹介してもらった。この平佐さんの所業を聞いて、開いた口がふさがらなかった。

平佐さんは北海道の地図をトレースし、そこに北海道を流れるすべての川を描きこんだ地図を作り上げたのである。描きこんだ河川、湖沼の数は六〇〇〇余、名前も二二〇〇記入したというのだ。送ってくれた地図を見て驚かされたのはいうまでもないが、水系図に夢を抱く釣り人や沢ヤには垂涎《すいぜん》の地図といえるだろう。どう使うかは別として、このような自分なりの地図を作り上げるのも、フィールドをより深く知る意味で重要なことだ。

建設省の各砂防工事事務所が作った水系図も、本流、支流、沢とすべての水線、また砂防などの堰堤（小規模ダム）のすべてが記入され、水の情報が豊かなので便利。しかし、手に入れられればの話。漁業組合で使っている地図もいい。外水面（海）の場合、潮の流れなどが記入されているので、シーカヤックなどを楽しむのにきっと役立つはずだ。

一方、川や湖沼を管轄する内水面漁協の漁業権図を手に入れると、どこにどんな魚が生息しているのか、また放流や禁漁区など、釣り人にありがたい情報のほか、見学したい川漁などの情報を得られる場合もある。ただ、漁協によってまちまちで、作成していない漁協も多い。

さらに林業関係者が使う「林班図」という地図がある。これは小班図で縮尺が一〇〇〇〇分ノ一という大きさだけに、小さな山の植生を見るのには便利だが、地図から情報を得るには熟達した目が必要で、使いこなすことはかなり難しい。

地図の紹介に話が終始したが、いずれもプロが使う専門の地図ばかり。こうした地図のさまざまな情報と、実際に自分で歩いたフィールドの情報を国土地理院発行の地形図に落として使っているのが、僕の自己流〝地図の使用術〟だ。

※1環境庁は昇格して環境省になった。
※2『動植物分布図』は、『第4回二〇万分ノ一自然環境情報図』名で日本地図センターで購入可。動植物分類別なら環境省の生物多様性センターのＨＰでもダウンロードが可能。
※3（財）日本野生生物研究センターは一般財団法人自然環境研究センターに名称変更。

観天望気よりも雨男

高校のころサッカーで、足を痛めたことがある。サッカーといっても、部に入っていたわけではない。雪が積もると体育の授業が屋外でサッカー、ということになっていただけだ。ともかく、それで膝横の関節を強く打ったことがあった。

社会人になり、そんなことも忘れてしまっていたある日、朝から膝のあたりが妙に熱を帯びたようになった。中心がほんわかと熱くけだるい感じで、足のやり場に困ってしまうという具合だった。膝がこういう症状のとき、どうやら雨が降るぞ、というのに気がついたのはそれから間もなくのことだった。

故郷の北海道では、東から強い風が吹くとヤマセといい「明日は雨が降る」と予想した。晴れというより雨が降る、というほうに確実な読み方があった。サッカーで痛めた膝は、ヤマセのほかにもうひとつ確実な予想が増えたということだった。

実際のところ、野外では雨の予想ができるほうが役に立つ。のんべんだらりと焚火の周りにたむろしていても、雨の気配があると緊張感が走る。というのは、僕はテントを使わないで野外で過ごすからだ。どのみちシュラーフにゴアテックスのシュラー

フカバーだけで寝るのだから、天気のことなど構わないのだけれど、やはり雨が降るとなると心が引き締まるのだ。

もはや四〇※も半ばを過ぎてしまい、いつの間にか膝の痛みもなくなってしまった。だから雨の予想がまたひとつ減ってしまったわけだが、焚火で雨を読むことがある。

冬の新潟でのことだ。信濃川の雪の川原で仲間と野宿をした。このときの焚火の煙が、なかなか方向を定めずに、煙が巻く。こいつは雨だ、と僕は思った。つまり気圧が変わり始めて、大気が不安定になっているのだ。それで風の方向が定まらないのだ。しばらくしてからポツリと来た。案の定、雨だ。三十六計逃げるにしかず、シュラーフに逃げこんだ。

種子《たねが》島の沖に馬毛《まげ》島という無人島がある。そこで野宿したときのことだ。以前は人が住んでいたので、小さな湾があり防波堤があった。夕暮れどき海を眺めていると、さかんに魚が跳ねる。ボラだろうか、あちこちから飛び上がっている。こりゃあ珍しいと思って見物したが、翌日大雨になった。「魚が跳ねると雨になる」というのは本当だったのだ。

空や自然の現象を見て、天気を予想するのを観天望気というが、僕が体験したのはこの部類に入るだろう。ところが、雨になるということにかけては、ほかにすごい予想がある。雨男である。僕はこの男と出かけるときは、絶対に無駄な抵抗はしないことに決めている。

能登に野宿に出かけたときのことだ。名だたる雨男のAとは、二日後富山空港で合流することにして、氷見で名酒・立山を仕入れホタルイカを肴に、北斗七星を眺めてごきげんに過ごした。二日目、Aを迎えに僕らは高岡市を過ぎ庄川を越えた。天気は上々。ところがである。神通川沿いに走り、富山空港が近づくと、突如前方に黒い雲が出現したのである。あれれ、である。果たしてAの乗った飛行機が空港に着くと、どしゃ降りになった。

いくらテントを使わないといっても、ハナから雨じゃあどうしようもない。この日、僕らは神通川の支流の山田温泉の湯治場《とうじば》に逃げこんだ。この強力雨男のAは、降らすことにかけては連戦連勝、未だに負けがない。

野外に出かけるときは、身近にいる雨男を探し出すことも、観天望気とともに大切なことなのである。

※文庫化の現在（二〇一三年）、六六歳のれっきとしたジジイです。

天気概況の自己流判断法

野遊びに出かけるとき、もっとも気になるのは空模様だ。天気というのは困ったものでこちらの都合のいいようにはなってくれない。天気変化も野遊びの楽しさのひとつだといっても、野宿していて雨や雪に降りこめられるのは、やはり気持ちのいいものではない。あらかじめ天気がどうなるのかわかっていれば対応のしようもあるが、それを予想するのはなかなか難しいのだ。

長年にわたって集めた膨大なデータを持っているはずの気象庁でさえ、ときどき予報を間違えるのだから、これは仕方がない。

我々が普通天気を知るには新聞やテレビの天気予報を利用する。これには必ず「天気図」というものがついていて、現在の大気がどういう状態になっているかを知ることができる。

この天気図をただ漫然と眺めているだけでは面白くないから、あらかじめ予備知識を持つことをおすすめしたい。例えば、高気圧から低気圧に向かって吹き出す風の向きはどうか、前線はどんなときにでき、どんな種類があるのか、前線の西と東では天

"On"

気や気温がどう違うのか、などで、これらのことはわかりやすく著された気象学の本を読めば理解できるだろう。また、ある程度の知識があれば、天気図を眺めただけで、明日は雨だぞとか、明け方は冷えこみそうだ、などということもわかるはずだ。

さらに自分で天気図を作ってみるともっといい。だれもが一度は中学生のころ、天気図の作り方を教わっているはずだ。そのころのことを思い出して、天気図を作ってみるのだ。これはけっこう面白くてインドア野遊びとして楽しめる。

まず、大きい書店に出かけていって天気図用紙を買ってくる。データは一日に三回、ラジオ（ＮＨＫ第二放送）で流す「気象通報」を利用する。この放送では、決められた時刻の特定の地点での風向、風力、天候、気圧、気温を教えてくれるから、それを天気図用紙に記入していく。さらに、高気圧や低気圧の位置、規模、進行方向やスピード、それに伴う前線の種類や位置、最後に基本になる等圧線の気圧（Ｈｐ―ヘクトパスカル）と通過点が放送される。

これらの情報をすべて記入したら、等圧線を引いていく。これで天気図のできあがりだ。最初は放送のスピードについていけないから、テープレコーダーに録音してから天気図に記入していくのもいい。始めのうちは思ったより簡単ではないが、努力しよう。

できあがった天気図をよく眺めてみるといろいろなことがわかる。等圧線の密度と風の強さの関係、前線上の低気圧と雨域の状態、数時間後の予想気圧配置などなど。天気図には地形図と同じくらい膨大な情報が詰まっている。

天気予報の達人になるには、こんな具合に定期的に天気図を作り、自分なりのデータを集め、徐々に上達してゆくしか方法はない。一朝一夕にお天気おじさんにはなれないのだ。

季節を知る自然の徴候

前線というのは気象学的な呼び方だ。密度の大きい気団と、密度の小さい気団のふたつの気団の境目を前線面という。この前線面が、地表と線状で接するのを前線と呼ぶわけだ。

しかし季節によって自然界の現象を線で結び、この線が前線の移動に似ているので季節前線と呼ばれるものがある。有名なところではサクラ前線、紅葉前線などがある。要するに全国にわたって分布している動植物の季節による徴候のズレを、それぞれ線で結べば○○前線になるわけだ。タケノコ前線、ウグイスの初鳴き前線などというのもある。

このような前線で季節の到来を知る、というのはなかなか風情があっていいものだ。街で暮らしていても、ちょっと注意すれば季節を知る自然界の徴候は、けっこう目につくものだ。

僕は犬※を飼っているので、雨降り以外は毎日の散歩を欠かさない。うまい具合に近くに大きな公園がある。毎日一時間ほど歩くのだが、公園だけでも季節の変化を知ることができる。

おお春になったなあ、といちばん最初に思うのがオオイヌノフグリだ。小さな四弁の花がつく可憐な花だが、クロ、なに飼っている黒犬の名前だが、こいつがこの花の咲いている所でフンをするので、始末するときに見つけたのだ。別に犬とのゴロ合わせをしているわけではない。

それからタネツケバナが咲いたりカントウタンポポが咲いたりで春たけなわになる。しかし、ムクドリの姿を見なければ春という感じはしない。こ奴らが黄色いくちばしと、もうちょっと赤が入った色の足でノソノソ草地を歩き、虫をほじくり返しているのを見ると、おお春も盛りだなあ、と思う。

花は最初に咲くのが印象的で、あとで咲いてもそれほどとは思わない。よく信号待ちなどで会う女性が、上着を脱いで半袖になったとき、その新鮮さに〝おお〟と思うのと同じだ。

しかし何といっても律義に渡ってくる鳥の姿を見たときに、しみじみと季節を感じる。寒くなるとやってくるツグミがそうだ。最初の一羽を見かけたときは、おお、もうそんな季節か、とあたりはばからず声を出す。

白の眉斑《びはん》もりりしく、胸元の白い羽がなかなかお洒落だ。ピョンピョンとホッピン

・ツグミ

・ムクドリ

グしてからすくっと立ち止まるところなど、ツグミは実に美しい。順番が前後するがこのツグミが姿を消すと、ムクドリがやってくるというわけだ。

まだツグミ前線とかムクドリ前線というのは聞いたことがないが、散歩する公園もその線状で結べることは確かである。

※二〇〇一年、一五歳で天国に召されました。

道具に対する日ごろの目配り

キャンプを含めた数日の野遊びになると、どうしてもさまざまな道具が必要になってくる。道具はできるだけシンプルにスマートに、というのも野遊びの極意だけれど、この道具についてあれこれと思いを巡らせるのもまた野遊びの楽しみのひとつなのだ。野遊びの道具は、アウトドアショップに行けば、ひと通りのものが揃っている。これらの道具はどれも一応納得できる機能を備えていて、まあ文句のつけようがない。そんなわけで最初はこれらを取り揃え、使うことになる。

ところが、野遊びの経験を積み、自分なりのシステムができあがってくると、今まで使っていた道具に対して「どうもイマイチ」という不満が頭を持ち上げてくる。それは当たり前で、これらの道具はよくできてはいるが普遍的で、今まで経験を重ね、不便を感じ、この道具はこうあるべきだと感覚的に考えているのとは微妙にずれが生じるからだ。つまり今までは、あてがいぶちで我慢していたことに気づき、野遊びにかなり深く入りこんでしまった証《あか》しでもある。こうなるとちょっと面倒なことになる。なぜ面倒なのかというと、こういう人はアウトドアの専門ショップだけでは飽き足らず、自分が納得のいく道具を求めて、金物屋、雑貨屋、古道具屋などに出没するからで、その労力たるや並大抵のことではない。そしてしまいには自分の欲しい道具を、懐具合と相談もせずに専門家に依頼して作らせてしまう、といったことになる。

しかしこれは悪いことではないと思う。むしろ、野遊び人としての資質を持っているという証しになる。しょせんは遊び、とはいっても、遊びだからこそまっとうしたい、こだわりのようなものを無視してしまっては面白くない。たった一本のスプーンと巡り会うのに何年もかける。旅先で何気なく入った店で見つけた道具に欣喜雀躍《きんきじゃくやく》する。こういうことの楽しさは興味のない人にはわからないだろうが、ただ野外に出かけていって遊んでくれれば、それが野遊びだというわけではないということを知っておかないと、きっと永くは楽しめないだろう。ものを発見する目と、それを活用する頭が、野遊び人には要求されるからである。

というわけで、日常生活でも絶えず頭の片隅には野遊びのシーンを描き、専門店以外の店にも足を運んでみよう。台所用品屋、軍放出雑貨屋、古道具屋(高級骨董品店ではない)、刃物屋、大工道具屋、などなどがターゲットとしては代表的なところ。

山の手の洒落た高級台所用品店で、上品なご婦人方に混じって小型の鍋などを愛でるちょっとラフな服装の男がいたら、彼はきっと野遊び人だ。

酒場のホラ話が棚からボタ餅

「野宿はいいよォ。焚火を囲みながらの酒は旨いしさァ、それに星空を眺めてあったかーいシュラーフにくるまるのは、もう最高だぜ！」などとわめきながら、大酒をくらっていた飲み屋で、同席していた友人からいきなり「そんなに楽しいんだったら、一度連れてってよ」といわれた。

「いいよ。それじゃ、今度の週末行こうよ」

と愛想よく答えたものの、あとではたと困った。今度の週末は仕事で事務所に缶詰なのだ。翌日、そのことを電話で友人に告げ、平謝りしたのだったが、安請け合いの傾向が強い我が身を反省することしきり。

野宿計画というと、えてして飲みながらのホラ話やヨタ話の最中に出ることが多い。つまらない世間話から野宿話にと発展し、

「この間、いい醤油入れ見つけてね。これで調味料セットがやっと完成。今度見せたげる。きっと欲しくなるぜえッ」

「船でしか行けないから、人工物がまったくない入江でね。そこは渓流がそのまま海

に流れこんでいるの。一〇〇mほどの砂浜、これが白砂なんだな。薪《たきぎ》は多いし、今度一緒に行かない？」

「五万分ノ一の地図でもあれだけ等高線があいているから、よほど平坦地。それにブナ林のなかだからいい野宿場があるよ」

などと、グッズや野宿場の話が出始めると、もう際限もない。

しかし、酒を飲みながらの野宿の話は、野遊びのイロハからすれば、飲んでいないときのそれより、かなり内容の濃い話題が飛び出すことが多い。それに、あちこちに情報リサーチのアンテナを張り巡らせている連中と一緒に飲むものだから、ときどき願ってもみない情報が飛びこんでくることもあり、それが素晴らしい快楽の野遊びを実現してくれることもあるのだ。

以前、野遊び仲間のMと飲んでいて、北海道の無人島で野宿がしたい、という話になった。北海道では野宿はかなり経験しているが、まだ無人島ではしたことがない。見たこともない動物や野鳥に会えて、焚火ができて、酒が飲めて、きっと最高の野宿に違いない……などと夢は広がるものの、いかんせん遠い。思いつきのままでこの話も終わるのだろう、と思っていたら、Mがその数日後に電話をしてきていうのだ。

「ユルリ島っていう島なんだけど、ラッコも見れるし、小さな川もあるって。行く？」

「！」

当然ふたつ返事。もちろんその島で至福の時を過ごしたことはいうまでもないが、今となってみればMの計画実現力たるや驚かされるばかりだ。

こんなノリから酒場で飛び出した計画は、ゴマンとある。夢のようで夢ではない妙なリアルさがつきまとうから、実現した計画も数限りない。

ただ飲んだくれているだけではなく、そこで飛び出した計画のおおまかな骨子を酔いのガンガラ頭にたたきこむ。そして、翌日からさっそくその実現に向けて動き出さなくてはいけない。

酒の席のヨタ話に終わらせているだけでは、いい野遊びはできないのだ。

さて先日、「かなり太いパイプがある」という触れこみで、「北方領土の国後島《くなしり》に渡って野宿ができる」という情報が仙台の野宿師から入ってきた。それも数千円で渡航できるというのだ!?　国後島といえば、「月世界」という独特の景観が展開している砂浜の写真を見て以来、一度は訪ね、その月世界で野宿がしたいと思っていた。

さっそく、野遊び仲間と飲んだときにこの話をすると、「行く、行く」と全員大乗り気。その後、ヨタ話は成長していないものの、先方の返事待ちなので、現在進行中。きっと月世界の砂浜で野宿する、夢のような日が来るだろう。

野遊びのついでの楽しみ

野外に出かけ焚火を囲んで酒を飲みホラ話をする。野遊びはこれに限る。あとはついでだ。鳥を見る。花を愛でる。木を眺める。魚見物をする。いろいろあるけれど全部ついでである。だからといって、これらついでがない場所へは行かない。やはり流れがあり落葉樹がこんもりと茂り、人気《ひとけ》のないフィールドがいいのだ。昨今はこんな場所がどんどんなくなっていく。川は護岸され、木が伐採されているからだ。

数年前に快適な野遊びが楽しめたからといって安心はできない。二度目に出かけて、何度その様変わりに失望を味わったことか。心地のよい草地が大駐車場になっていたり、こんもりヤナギの茂る川原が一面コンクリートで護岸されていたりである。

このような事態にもめげず、心地よい場所で野遊びをしたときは、必ずポイントを地図に記しておくことを忘れないようにしている。いや、場所ばかりではない。いい酒を置いてある店、まだ昔の値段で「肥後の守《ひごのかみ》」を売っている金物屋などついでに記しておく。そんなついでのポイントが全国のあちこちに散在してくると、何やらうれしくてたまらない。

というわけで野遊びに出る前は、すぐに地図を広げることになる。まだ行ったことのないフィールドなら、そこへのアプローチへ思いを馳せる。古本屋はあるだろうか、渋い金物屋はどうだろう、とついついおまけのほうを想像してニヤつくのである。

似て非なる者を仲間に選ぶな

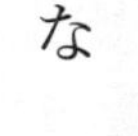

よく野外へは家族で行くのですか、と聞かれることがある。「いいえ、行きません」と答えると、相手はけげんそうな顔をする。どうしてかといえば、連れていってくれ、といわれないからである。

僕は野外へ行っても、焚火をして酒を飲むだけで、あとはボーッとしているだけだ。だから自分のことは自分でできる連中じゃないと、一緒には行かないことにしている。よけいな手間のかかる奴など、願い下げなのだ。こっちがボーッとしている暇がないなどというのは、地獄である。わざわざそんな目に遭いに、野外へ出かけるのは愚の骨頂だ。

野遊びの仲間をどういう基準で選ぶのかというと、麻雀仲間に例えるとよくわかるかもしれない。もともと野遊びの腕前など計りようがないのだが、ともかく野外の経験が同じくらいか上ぐらいがちょうどいい。趣味の類、というより価値観が共通しているのも大切な要素だ。焚火を麻雀卓だとすると、人数もおのずと決まってくる。何につけても下手《へた》は絶対にいけない。こいつが入ると極端に野遊びがつまらなくなるからだ。

どういうのが下手かというと、ほとんどがセンスの問題である。野外ではひけを取らないほど経験があっても、釣り師は野遊びの仲間に向かない。服装、道具ひとつとってもセンスが合わない。だいいち釣り師には、魚を釣るという欲しかないので、焚火を眺めてぼんやりなどという余裕のある奴はいない。それに、釣り師は焚火が下手だ。むやみに燃やしすぎる。食いものにしてもイワナの刺身が世界でいちばん旨いと、ぬけぬけというから始末に負えない。価値観とセンスがすべて、ずれているのである。

経験がなくても、よい仲間になりえる人がいる。自分と他人のスタンス、つまり距離感がいい人だ。こういう人の動き方は、日常生活も野外生活もそんなに違わない。場所と道具が違うだけである。これが備わっている人は、老若男女を問わずよい野遊びの仲間になれる。

ひと晩を過ごす野遊び場に着く。各人がそれぞれの場に、荷を下ろす。あとは自由勝手に動き回る。火を熾《おこ》す。薪を集める。水を汲《く》む。料理の用意をする。それぞれが動き方を理解していればこそである。不思議なことに、このことのセンスがあれば初対面でも初心者でも、空気感で何となく理解できるものなのである。焚火の前で人生を語ったりする奴、こういう奴も向かないなあ。

TOO MUCH!

伝えるな、家人に野遊びの楽しさを！

釣りが高じて離婚、会社を解雇、つぶした、という話を耳にする。しかし野遊びが高じて離婚、会社を解雇、つぶした、という話は聞いたことがない。だからといって、野遊びのしすぎで会社をさぼったり、家人といさかいばかり起こしていては、大人の男としての沽券《こけん》に関わる。そのために、まず必要なのは家人の理解だ。

僕は仲間同士で、一般の人を対象としたカヌー・トレッキングやクロスカントリースキーなどを体験させる※ネイチャーツアーを主宰している。もともとは自然観察を通しての仲間の交流を主なテーマとして始めたものだが、今やたどりついた野遊び場で、酒を飲んではああだこうだとやりあう社交場のようになっている。

ある年、福島県南会津地方の田子倉湖にカヌーツアーに出かけた。参加者は四〇人ほど。数人の常連客以外はみなキャンプは初めてで、若いＯＬや家族連れの参加者が実に多い。湖畔からちょっと上がった台地の草原を野遊び場の拠点として、夜は原生林コンサートの佐藤正美さんが奏でるギターソロを酒の肴に、五つの焚火を囲んでの酒宴が続いた。

ところが、途中から雨。それも本格的になってきた。しかし、だれもテントに逃げこもうとはしない。いい加減に張ったタープの下でさらにえんえんと酒宴は続く。雨の日のテントやタープの下というのは蚊や蚋《ぶよ》などの虫が集まりやすく、けっして居心地のいい場所ではない。しかし、このツアーではだれも文句をいう人はなく、さらに降り続く雨でシートから水が染み出してきても平気な顔をしている。

何がこのノリのある気分にさせてくれるのか。酒の力も否定できないが、こういう自然の色濃い場所に来ると酒ばかり飲んでいる男性とは対照的に、「こんな体験は家じゃできない」とさかんに野遊びに興じる女性の存在が浮き立つ。女性も、職場や家庭でストレスは多く、自然の色濃い場所で日がな遊んでいたいに違いない。野遊びにはまりやすいのは、女性のほうかもしれない。

そこで、男性の場合、もし自分の野遊びを自分のものだけにしておきたければ、まずは野遊びが、家人にとっていかにつまらないものかを教えこむことが大切。相手は野遊びにはまりやすいのだ。家人が一度楽しい野遊びなどを体験しようものなら「なぜあなただけがいつも……」と不平不満を訴えること必定だ。それ故に、野遊びから帰ってきたら、いつも野遊びの不平不満をいい、汚さを強調する。

また間違っても、自然を通して子供を教育しようなどと考えてはいけない。自分がふだんから家庭を顧みない存在ならなおのこと、親子関係のペースを乱し、かえって子供に不信感を植えつけるだけだ。

野遊びを家人に興味のないただの趣味と解させ、関わりを持たなくなったら、しめたもの。あとは、家庭生活とのバランス感覚を考えて、休日の野遊びに熱中していればいいのだ。さらにそれを確固たるものとするのなら、仕事が早く引けたり、休日に家にいるときなど、まめに家事に関わること。家事全般をいとわずにできることをふだんから見せつけておけば、自分の趣味にそう口を出されることもなくなるだろう。

こうして家庭の真の理解？　を得られたら、残るは仕事との両立。有給休暇やウイークデイの休みを取れる人なら、できればウイークデイに自分だけの野遊びに出かけ、休日は家庭のために過ごすくらいの心構えが欲しい。ウイークデイのほうが人と会わず、野遊びは楽しい。ただ、休暇ばかり取っていると、会社の信頼が薄れるかもしれない。そのへんは自己管理をきちんと行ない、不評が出ないよう配慮することも大切だ。会社に何人か野遊び仲間を作るのも、用意周到でいい。

※ネイチャーツアーの企画は一度に六〇人を超える参加をみるほど人気を博したが、酒の面倒まで見ていたために赤字が続き、グループは自然解散。メンバーは街中の社交場でくだを巻いている。

服装は自分なりのセンスを磨け

野外で着るものなんて、着やすく温かければ何でもいい、というのなら僕は野遊びをやめたい。例えば、スポーツなんかとまったく縁がないから、その場にも本人にも全然似合っていないのに、パジャマ代わりに買った安物の霜降りスウェットの上下なんか着て、焚火の前にデレッと座り、「これ、けっこう楽なんだ」なんてほざく奴と一緒の焚火など囲みたくない。そういうものは、野遊びをより楽しむために、朝、だれよりも早起きしてランニングをするときや、会社の帰りに密かにジムに通うときに着てもらいたい。

以前、ある海洋エッセイストが「外洋ヨット乗りの本当の正装は、荒天下のオイルスキンである」という意味のことを書いていた。つまり、横縞のシャツに紺のブレザーを羽織って、休日になると高級ヨットハーバーを女連れで歩き回る偽ヨットマンと、潮にさらされ油にまみれた雨ガッパを着こみ、嵐と闘いながらデッキを這い回るヨット乗りとでは、そのカッコよさにおいてまったく比較にならないということなのである。

野遊びには野遊びに似合った服装がある。大人の男としてはそのあたりのセンスも磨かなければならない。これはけっこう大変なことなのだ。なにしろ野遊びの経験は金では買えないものだし、といってそれがなければ、どんなに高価なアウトドアウエアを着ても、立ち食い蕎麦屋のエビ天のようなことになってしまうからだ。

「ファッションは関係ない、男は中身で勝負だ」とよくいうが、中身のある男はどんな格好をしていてもサマになっているもので、中身のない奴に限ってそういうことをいう。

遊びだからといっていい加減にやるのではなく、遊びだからこそ、まじめに全身全霊を傾けよう。自分なりのセンスを磨け、というのはそういうことなのだと思いたいし、また、そうでなければつまらない。これが僕の服装に対する基本的な意見だ。

天然か化学か、ウエアの素材について

野遊びに出かけると、そうたびたび衣服を着替えるというわけにはいかない。だいいちそんなに着替えを持っていったんでは荷物はすごい量になってしまう。反面、野外では自然環境がめまぐるしく変化する。雨、雪、風、低温、熱暑、そんな状況のなか、限られた衣服でいかに上手に対処していくかというのはけっこう重要なことだ。なかでも、濡れとそれに伴う寒さに関してはしっかりと考えておかなければならない。それには衣服の素材について少し知っておいたほうがよい。

さて、このところシンセティックマテリアル、つまり化学素材が、アウトドアの世界では大人気である。特に、ポリエステル系やダクロン系の素材をフリースあるいはパイル状にした保温用のジャケットやパンツは多くの人々に愛用されている。なにしろ、軽く、温かく、濡れても冷たくないし、すぐに乾く。さらに洗濯機でザブザブ洗えるし、染めによる色の種類も多い、そして何よりも価格が安定している、といいことずくめなのだから人気があって当然だ。

同時に、ウール、コットンに代表される伝統的な天然素材も相変わらず多く使われている。ウールの風合いも含めたあの何ともいえない温かさや、コットンの肌触りのよさは、やはり化学素材には真似のできないものだからだと思う。また、化学素材には、着るほどに体になじみ愛着が湧くということはないが、良質の天然素材にはそれがある。さらに化学素材は、天然物に比べて熱に弱いという欠点もある。だからフリースジャケットを着て焚火の前に座ることができない。知らないうちに袖口が溶けていたり、あちこちに小さな穴があいたりするのだ。

そこで野遊び人としては化学素材と天然素材を状況に応じてうまく使い分けるようにしたい。例えば雪の山に出かけるなら肌着からジャケットまでフルに化学素材でもいいし、肌着はポリプロピレン、セーターとパンツはウール、防風用のジャケットはゴアテックス、といった組合せでもいい。

雪のない季節なら、コットンのシャツとパンツでいいが、ザックのなかにはいつも化学素材かウールの肌着を入れておき、いざというときに着用する。

少し寒いときにはポリエステルフリースのセーターが便利だが、焚火の前でくつろぐときには、コットンのジャケットを上に羽織る。

コットンのTシャツやポロシャツは着心地の面で右に出るものはないが、濡れると冷たくなり体温を奪うので、雪の山や沢歩き、雨のなかの野宿などには使わないほうがいい。

雨具は現在のところ、ナイロン地にゴアテックスをラミネートした素材に勝るものはないと思えるが、目のつんだ上質のコットンにオイルを染みこませたポンチョなども、野遊びファッションとして見直してみたいもののひとつだ。

とまあ、これらは化学素材と天然素材の組合せの例だが、それぞれが出かける場所、季節、遊び方の内容などによって自分にもっともふさわしい機能を得られるように工夫したい。そのうえ、その人なりにセンスよく着こなせるようになれば、申し分ない。

100%
ACRYLIC

頭の森林限界

野外に出かけるとき帽子は必要か。人によって条件が違うから、何ともいえない。僕は必ずといっていいほど、帽子をかぶる。これは元来帽子好きというのと、そんなに好きなら帽子を手離さなくさしてやろう、という神の采配があった賜物である。つまり髪の在庫に若干の不足が生じている、ということである。

この神の采配は、雨の一滴を頭皮で感じるという繊細さを備えている。が、一方ではもしこれがほかのものだったら、そんな悠長なことをいっていられない危険もはらんでいる。まったくのところ、僕の場合、野外では頭を守るという意味でも、帽子はかくも必要なのである。

帽子というのはおかしなもので、かぶりこんでしまえば何となく顔になじんでくるという性質を持っている。つば広のフェルト帽（テンガロンハットによく似ている）などはそのいい例で、どうやっても日本人の偏平な顔に似合わないのだが、雨に濡れて伸び、乾いては縮み、焚火でいぶされ、踏みつけられ、尻に敷かれていくうちに、何となく頭におさまってしまう。

季節や場所によって帽子を替えることがある。暖かい季節はやはり綿がいい。帽子をかぶっていていちばんの強みは、ふいの雨に遭ったときだ。野外では傘を使うとなると、片手を完全に束縛されてしまうという弱みができる。パーカーのフードをかぶるのもよいが、視野が狭くなる不便さがある。帽子ならその点すべてクリアできる。

その人の性格によっても違うと思うが、僕の場合、帽子は多少クタクタっとした感じのが好きだ。日本製の帽子は何かしらきちっと縫製されすぎていて、あまり面白味がない。規格を優先するあまり、フワッとした気分に欠けている。これだから、使いこんでいったときのラフさ加減もよくない。だいいち、時間の経過を考えてデザインした帽子を作る、なんてことに耳を貸すメーカーなんてあるはずもないだろう。

これにはたぶん、野外使用の帽子の歴史が浅いということもあるだろう。フィールドで使った体験を生かしてデザインする、という部分も欠落しているからだろう。そろそろフィールドからの体験を基にした、帽子のひとつも生まれてほしいものだ。

ところで、帽子の内側には汗止めのベルトがついている。布製だったりビニール製だったりする。帽子が大きすぎたときなど、そこに新聞紙を細長くたたんで入れたりする。ところが汗をかくと、意外にもその部分がベタついてしまう。

そこで僕はフェルト帽の、その汗止めベルトを取っ払ってしまった。すると汗は直接フェルトに吸われてしまい、なかなか快適になった。ただ、汗を直接吸ったフェルトは汚れるのが早く、表面にシミができてしまう。サイズも少し大きくなり、ぶかぶかした。でも汚れのほうは帽子をゴシゴシ洗えばすむことだし、大きめになった件は、帽子の上からバンダナを鉢巻にして縛ったので即解決した。

よくよく見るとその帽子は、フェルト以外に何もなくなってしまった。これなら型押ししただけで簡単に作れそうな気がする。こんなシンプルな帽子、どこかで作ってくれないかなあと思っている。

こだわりの赤シャツ

野外へ出かけるときは、厚手の綿のシャツに限る。生地はいろいろあるが、無地のシャモアクロスがいい。繊維が起毛していて手触りがいい。何度も洗っているうちに起毛が取れると、なめし革のような風合いになる。この変化も楽しい。

シャモアクロスは特に赤が好きだ。だから見かけると、つい衝動買いをしてしまう。昨今流行の大型ジーンズ店は、狙い目だ。赤のシャツはけっこう売れ残っている場合があり、半額以下で買えることが多いからだ。最近の古着屋も通りがかりなら、赤シャツ狙いで、足を止める価値は充分にある。

赤色にはおおまかに二色ある。青っぽい赤と黄色っぽい赤だ。青赤、黄赤と勝手に呼んでいる。その二タイプでも、それぞれに微妙に色合いが違う。

青赤はやや落ち着いたように感じる。色味に深さがある。この青味が少なくなるにつれ、だんだんと華々しくなる。黄赤になるとひときわ派手になる。どっちかというと黄赤タイプのほうが好きだが、それほどこだわらない。

要するに赤であれば何でもよいというわけだ。

シャツの生地は赤であれば文句はないが、デザインや縫製に多少好みがある。

野外用のシャツは、フタつきの胸ポケットが左右にある。これが意外にうっとうしい。経験からいうと、胸ポケットはそれほど必要ない。だからすぐに取ってしまう。ポケットのフタだけ取ることもある。フタを取ってひとつだけポケットを残すこともある。古着の場合はポケットを取ると、四角く跡が残る。ポケットを取ると、シャツの胸元がスッキリして気持ちがいい。

赤シャツだからといっても、ボタンは赤くないほうが好きだが、いちいち取り替えるようなことはしない。ボタンは白が好きだ。だから赤シャツでボタンが白なら、衝動買いをしてしまう。仕立てはアメリカ製がいい。大きくてもサイズはLにしている。胴が長いせいかちょうどいいが、Lサイズは袖が長すぎてしまう。でも、まくってしまえばどうということはない。

50～60年代の西部劇には
いいフランネルのシャツを着た男が
でてくる

1960年
「イエローストン砦」

パンツ、ここに凝っている

本書のタイトルにふさわしい、代表選手的な男のひとり、イヴォン・シュイナードが興し、現在では有名になったパタゴニアというブランドがある。その初期の作品に、たしかクライミングパンツもあったと思う。ザックの生地のようなゴワゴワのコットンキャンバス地で作られ、要所要所がさらに二重になっていて、動きやすいようブカブカにカットされたパンツだった。当時、日本で※第一次アウトドアブームのようなものが起こり、このパンツが我が国にも紹介されるや否や、多くの俄《にわか》アウトドアマンがこのパンツを手に入れ、粋がって街で履いていた。

僕も、だれよりも早くアメリカで購入して持っていたのだが、たまたま北アルプスの剱岳に五〇日ほどぶっ続けで入り岩登りをする、という仕事があったので、このパンツを履いていった。そしてほぼ二カ月の間、履きっぱなしで過ごしたのだった。別にパンツ着替えなし最長記録に挑戦したわけではないが、夏とはいえ氷のような雨が降る日も、台風に襲われテントのフレームにしがみついた夜も、一度も脱がなかった。岩で擦れ、草のシミだらけになり、すごい匂いを放って（いたのだと思う）、このパンツは僕の体の一部のようになった。しかも裂けず、破けず、パーツの故障もなく、何ごともなかったようにパンツはその役目を果たしてくれたのだ。

その後、クライミングにはこういうパンツを使わなくなったし、フィルソン社の同じような生地のパンツや、チノクロスのパンツなども履いた。現在ではもっと楽なパンツがいくらでもある。でも、僕はときどきこのクライミングパンツを引っ張り出して、野遊びに履いていく。

ブカブカで、ゴワゴワで、二カ月履き続けないと持ち主になじまない。そんなパンツこそが、野遊びパンツの真髄だと思うし、野遊び人を自認するなら、この試練に耐えなければならない。ものを持つというのはそういうことなのだ。

※一九七〇年代中半から八〇年代初め。ちなみに九〇年代前半から中半まで、オートキャンプを主体とした第二次アウトドアブームが起きた。

靴、ここに凝っている

よく日本人の足型を評するに「コウダカ、ダンビロ」という言葉が使われるが、僕の場合、足の幅がけっこう狭い。たぶん子供のころ兄貴のお下がりの靴ばかり履かされていたので、のびのびと育たなかったのかもしれない。そのうえ、お下がりの靴がきゅうくつだったせいかもしれないが、未だに足にぴったりとした小さめのサイズが好みときている。だからEやEEの木型の靴ではなかで足が遊んでしまい、どうもしっくりこないのだ。というわけで、靴の種類を問わず幅のサイズはDでなくてはならない。典型的日本人足の持ち主とはまったく逆の悩みがあるというわけだ。

日本製の既成靴でDサイズを探すのはなかなか難しいから、どうしても輸入品となる。しかし、最近では輸入元が気を利かせてか、あるいは売れ筋だけに絞っているのか幅の狭い靴がなくなりつつある傾向で、かなり困っている。それくらいがまんして履けばいいじゃあないか、という声が聞こえそうだが、ほかのウエアなら多少緩くてもいいが、靴だけは妥協できない。絶対に履き心地は重視したいのだ。

さて、スタイルや材質はどうか。これも足に合えば何でもいいというわけにはいかない。僕の場合、野遊びに出かけるときには、少なくともくるぶしが隠れるくらいの深さが欲しい。以前健脚だったときには二〇kgくらいの荷物を背負い、ペラペラのジョギングシューズで北アルプスあたりを歩き回っていたのだが、今では不整地を歩くときには足首の関節を保護してくれる靴が安心できる。

ヒモは微調整ができるように、つま先近くまでハトメがつけてあるのが好きだ。もっともそんなに歩かないならモカシンタイプのワークブーツも嫌いではない。

アッパーの材質にもいろいろあり、僕もあれこれと試したが、やはり皮革製のものに落ち着きそうだ。また、防水と通気を兼ね備えたゴアテックスのブーティを内装した靴も人気があるようだが、僕は足に汗をかきやすいたちなので、ゴアの通気能力を上回るらしく、足がやたらと蒸れて暑い。だから雪のない季節には防水性を犠牲にしても普通の靴を履いている。

足というのは顔と同じで百人百様だから、すべての人に、これはいいと自信を持ってすすめられる一足というものはないと思う。やはり、時間をかけて何足か履きつぶし自分の好みの靴を探し当てるしか方法はないだろう。

車で出かけるときには、このほかに運転用の運動靴を持っていく。また沢歩きのときはフェルト底の靴も用意している。ともかく靴は一足では足りないのだ。

無精者のパッキング

ずっと昔はキスリングザックを使っていて、いかに平べったくパッキングするかに凝っていた。若いうちはそんなことでも一生懸命に努力するが、歳を重ねるにしたがってそうはいかなくなる。

米軍のフレームザックを使い始めた時期があり、パッキングするのが楽だなあとしみじみ思った。何しろ背中に直接荷が当たらないので、左右のバランスさえ崩さないように詰めこめばいい。

これは楽ちんになったと喜んだ。ただ、容量が少ないので、上にどんどん積み重ねなければいけない。が、ザックの上が丸いため、荷を積むのにちょっとした技術が必要だった。ベルトを駆使して、かなりの荷物を運べる状態にする。その腕前を発揮するのに、また喜びを感じていた。

それがどうだろう。バックパッキングの登場で、フレームザックが主流の時代になった。上下二層で容量もぐんと増えた。使っているときの不便さが、徐々にひとつずつ改良された道具が登場する。こんなうれしいことはない。それでも、背中の部分には衣類などの柔らかいものを入れる、という習性が残っていた。

スタッフバッグなるものが登場したのも、このころではないだろうか。大中小の袋に、荷を分けてパッキングするわけだが、このスタッフバッグのおかげで積載量が減ったことは確かだ。つまりスタッフバッグがないころは、ほとんどの荷を裸で詰めこんでいたので、袋状の塊よりはすき間なく詰めこみ可能だったわけだ。

例えば調理道具のスプーンやフォーク類を、専用のバッグに入れたとする。するとどうしても、そのバッグの容量だけのスペースが必要になる。逆にその調理道具をひとつひとつバラバラにして、衣類などのなかにごちゃ混ぜにすると、重さは変わらないにしても、見た目の容量はほとんど増えない。

ただし取り出すときの面倒さといったら並大抵ではない。「缶切り、缶切り」などとわめいて荷を引っくり返すことになる。

今僕が使っているザックは、フレームザックがやや下火になったころ、ポッと現われた突然変異のような代物だ。本来はカヌー用に作られたFRPの箱型である。いやむしろ箱そのものに、肩ヒモをつけた、といったほうが正しい。

このザック、いや箱は荷をパッキングするのが、えらい楽だ。とにかくシュラーフを最初に詰めこむ。むろんスタッフバッグなどには入れず、裸でグチャグチャに入れ

Photograph by Mitsuru Hosoda

る。その上から着替えなどを平たく積み重ねる。あとはコッフェルやそのほかの重いものを積み、すき間に靴下や丸めても平気な下着などを詰めこむ。フタは平らなのでタープ類を上に積めば、荷造りに五分とかからない。まったく年齢とともに無精になった身には、ぴったりの箱である。

しかしこの箱、長年の酷使でかなりガタがきている。もう同じものは手に入らないだろう。それが悩みだ。

釣り師に学ぶな、パッキング術

「釣り師の車のトランクを開けたことあるかい？　いやァ、ひどいね。もうめちゃくちゃ、ボストンバッグからは着替えが引っ張り出されたままだし、濡れたウェーダーはそのまま放ってあるし、スーパーのビニール袋からは握り飯が顔を出しているし、絡まった釣り糸、おまけにそこらじゅうに養殖ミミズが這っているし……、ありゃ、整理能力がないというより、山で遊ぶセンスがまるでダメだね」

　なんて話を何度聞いたことだろう。釣り好きの僕には耳が痛い話だが、実際サッと車を川岸に乗り着けて釣りをしていたときは、そんなていたらくだった。

　その僕が、整理整頓を身につけなければならなくなったのは、釣りでさらに源流のイワナ釣り場を目指すようになったから。源流のキャンプ釣行となると、できるだけ荷を軽くしなければならない。そうなると当然、的確なパッキング術を身につけなければならない。

　そして今、ほとんど釣りをしなくなった僕は、荷を軽くすることより、いかに野遊び場でスムーズな動きができるパッキングをするかに、気を遣う。

今は、スリーウェイザックの六〇ℓタイプを使っている。これだと、肩掛け、背負い、手持ちの三通りできるので、普通のお気軽旅行気分で、野遊びの行き帰りにも周りの目を気にしないで街中を歩くことができる。さらにいちばん重要なことは、チャックで荷室を全開できるので、野外での荷物の整頓が非常に楽になり、野遊び場のホームグラウンド作りも容易になった。とても、アタックザックなどを使う気にはならないのだ。

さて、その野遊び場のホームグラウンドともいうべきスリーウェイザックの中身だが、写真のようにザックを立てたときに底になる袋部分にシュラーフを入れ、横にしたときに底になる背部分にはアースマットにもなる座椅子、そしてまな板を敷いてベースパッキングが完成。あとは荷がかさばるストーブ、ランタン、野遊び用小物、調味料を入れた柳行李、コッフェルセット、ヒモ類、双眼鏡などが入ったスタッフバッグ、野宿専用テントのメガミット、冬用の防寒着が入ったスタッフバッグを整頓して収納している。

このスリーウェイザックによるパッキングの利点は、チャックで全開できるために野遊び場では箪笥のような存在になること。使用した道具はいつも箱になっているスリーウェイザックに収納しておけば、道具を見失ったりしないし、酔っていても道具を取り出しやすい。アタックザックのように荷物が入っていないとだらしなく放ってあったり、周辺に小物が散在している様は決して美しいものではない。アタックザックは野遊び向きではないのだ。移動するためのパッキングというよりも、野遊び場での使いやすさを考えたパッキング術が大切なのである。

また、このザックにはサイドバッグがついているが、このサイドバッグがとても便利でチャックで取り外しができ、取り外すとデイパックにもなる。

以前はボストンバッグで野遊びをしたこともある僕が、アタックザック時代を経験し、お手軽野遊びのために考えたパッキング術。やっとのことで野遊び場にたどり着き、いざザックを下ろして開ければ、自然のなかの我が家がそこにでき、快楽野遊びの日々が始まるのである。

が、まだ難点はある。ザックの材質がナイロン生地のために、雨に濡れるとなかまで水が浸透することだ（ザックカバーは使いたくない）。それを克服し、より完璧にするには、このザックの機能のまま材質をＦＲＰなどに作り替えてしまうことだろう。その機会をずっとうかがっている。

機能的かつコンパクトなパッキング

野遊びを長く続けていくと、いつも持っていく道具というものはおのずと決まってくる。出かける季節や場所によってウエアや寝具の質や量が多少変わりはするが、基本はいつも変わらない。これらを、現場で混乱しないように、かつ運搬が楽なようにうまくまとめるのも大切なテクニックのひとつだ。

僕の場合、仕事がら車で出かけることが多いのだけれども、それでも荷物は背中のパックひとつと、手に持って歩けるバッグに収めるように努めている。つまり、家の玄関から徒歩で出かけ、鉄道を利用しても大丈夫、車から降りて目的地までかなり歩いてもいい、という量にしている。

大がかりなカメラ器材など、よほど特別な道具がない限り、これくらいで充分に用が足りる、というより足らせるようにしている。ここが大切で、器が大きければ、どうしても荷物が増えてしまうのが人情なのだ。

「不必要なものはいっさい持つな、しかし、必要なものはひとつとして忘れるな」

アルプスの名ガイド、故G・レビュファの有名な言葉だが、山でなくても、すべか

Photograph by Mitsuru Hosoda

らく野遊びではこれを手本にしたい。快適に過ごすためにすべての用具を、と考えてはいけない。小さな不便を、現場のアイデアと工夫で解決することこそ、野遊びの極意なのだ。いかにしてコンパクト化するか、ということにいつも腐心していなければならない。

ところで今僕が使っているパックは、キャンバスと木で作られた、フレームパックの元祖「トラッパー・ネルソン」だ。以前から欲しかったもので、もう製造が中止になっていたのだが、先日、イラストレーターの小林泰彦さんからいただいた。大切な宝物だが、こういうものは使うことに意味があるので、現在、それに合わせたパッキングシステムに変更しつつある。ちょっとこぶりなのでなかなか難しいが、このパックでフィールドに出かけたいから、手持ちの装備を変更してでも解決したいと思っている。

北海道型ケチ

かつて朝日新聞に、「ケチの風土記」というコラムが連載されていた。それによると僕の故郷の北海道型のケチは、納得した気持ちであれば、実に気前よく人に振るまいをする。が、ひとたび気に入らないことがあると、どんなささいなことでも、いつまでもそのことをブチブチ気にとめ覚えているそうだ。

例えば一万円の料理を気持ちよくおごったとしても、貸した一円を返してくれなければいつまでもケチケチと覚えているという具合だ。それは、執念深いといってもいいほどらしいのである。

うむ、そういえば思い当たらぬこともない。確かに思い当たる節がある。野外の道具で、大切なものを失くされたとする。それが高価なもの、あるいは大切なものでも、人が犯したミスなら仕方がない。だから、諦めるのは人一倍早いし、それで相手を責めたりはしない。ところが箸にも棒にもかからないと他人が思っても、そうとは限らない。たとえすぐ手に入る楊枝一本でも、失くしたほうが気にもとめないとなると、態度がガラリと変わる。何でこんなことで、と呆れるほどいつまでもグチュグチュと、

こだわり続けることがある。

それに加えて愛着のあるものは、どんなに安物でもなかなか捨てることができない、というケチのところもある。気に入ったフランネルのシャツなどは、襟や袖が擦り切れても着るのはむろんだ。さらに襟と袖を切り落とし、ベストにして着る。それも擦り切れてくると、ボタンを全部取り背の部分を正方形に切り、ハンカチにするというぐあいだ。

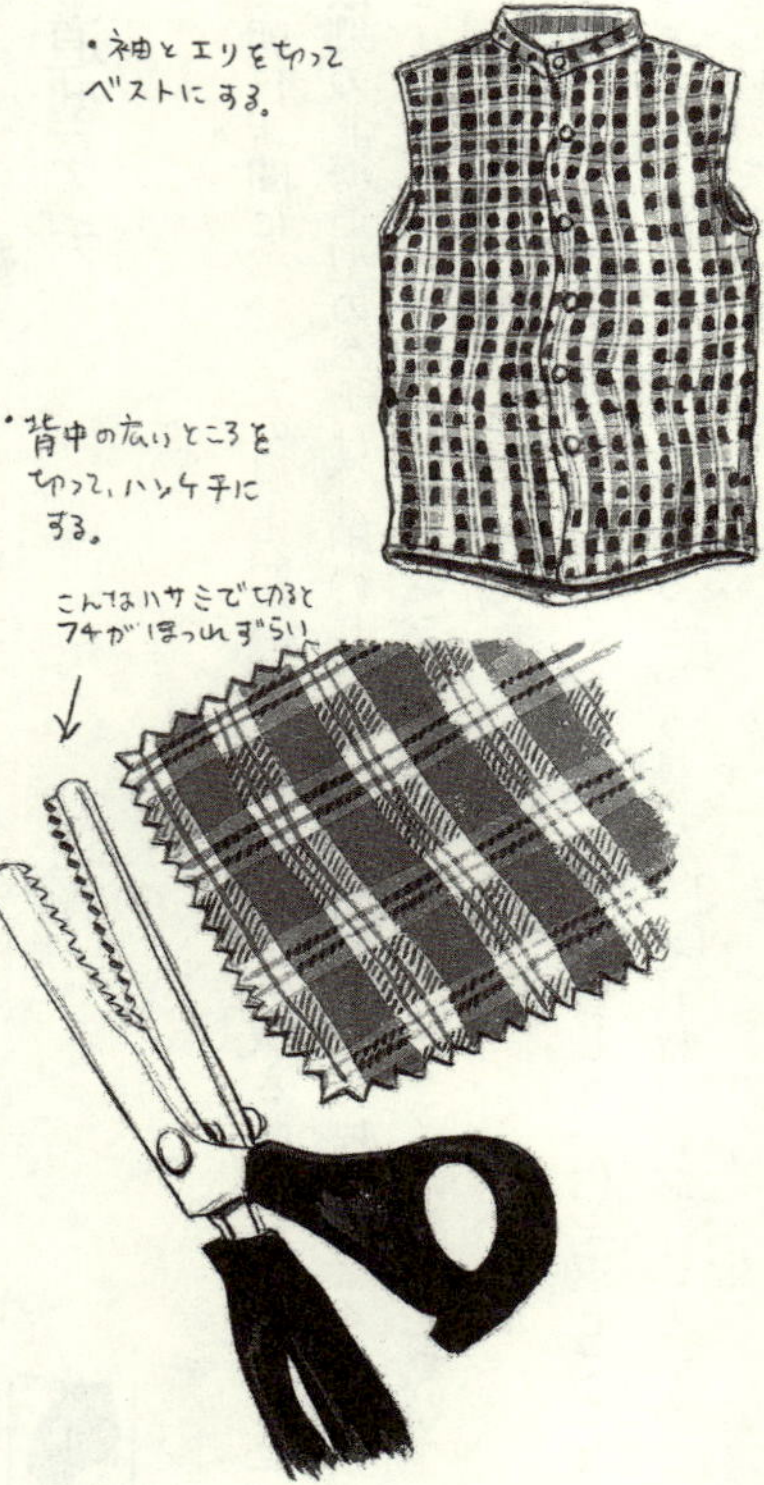
・袖とエリを切って
ベストにする。
・背中の広いところを
切って、ハンケチに
する。
こんなハサミで切ると
フチがほつれずらい

物拾いのススメ

先日、家の近くの粗大ゴミ置き場に、まだまだ使える柳行李《やなぎごうり》が捨ててあった。即座に持ち帰り、きれいにしてよく乾かし、さっそく僕の衣類入れとして活用している。だれが捨てたのか知らないが、ありがとうとお礼をいいたい。代わりにお礼として、最新型押し入れピッタリ収納、キャスターつき三段、透明プラスチック衣類ケースを通信販売で買って差し上げてもいい。

同じく先日、岩手県遠野の籠屋で、Ａ４の書類が入るサイズのこれまた小型の柳行李を見つけた。一万円だったが迷わず購入した。通信販売で一万円出すと、もっと機能的なブリーフケースが買えるかもしれないが。

僕の持っているものには、拾ったもの、古くなったからといってもらったもの、古道具屋で購入したもの、などが多い。だからといって懐古趣味なのではない。別に威張るわけじゃあないけれど、スイス、シグ社のイノクサル・クッカーのような最新鋭の道具だって持っている。

つまり、その道具が購入意欲をそそるものか、手に入れて末永く愛でることができるかどうか、ということが僕の道具選びの基準になっている、ということなのだ。いってみればこれは「僕の価値観の枠」ということになる。

だから、あるとき突然ケチになることがある。その物品がこの枠の外にある場合である。そういうものはたとえ一〇〇円でも買わない。なぜなら必要ないからなのだ。いちばん困るのは、この枠をすれすれに出たり入ったりしているものを発見したときで、こんなときは、たとえそれが一〇円でもひと晩考えたりする。そして世の中にはこの種の物品がいちばん多い。

もうひとつ困るのは、この枠が歳とともにサイズや形を勝手に変えたり、天地左右にずれたりする、ということで、数年前、あんなに嬉々として買ってきたのに、今ではもう見向きもされない、という可哀相な道具もたくさんある。まだまだ未熟者なんである。

今度、道具供養でもしようかと考えている。

安物買いの銭失い

「安物買いの銭失い」という言葉の意味を、この野遊びを通して初めて知った。例えば、安いコッフェルなどの食器、ザック、なんでもよいけれど、環境がハードなフィールドで使うものを登山用具店のバーゲンなどで仕入れるとなんの役にも立たないうちに、ほとんどお払い箱になる。安物買いで手にしたシュラーフも、お払い箱近くになったものの、最後まで新調するか新調しないかで迷ったことがあった。仕事でも野宿をすることが多いのに、この安眠にいちばん関わりのあるものをケチり、あと回しにしていたのだ。

実のところ、二十代の若気の至り世代なら「安物買いの銭失い」的失敗として許されるが、いい歳をした親父が、ぺたぺたの安物シュラーフでは、格好もつかない。というより、汚くてみじめだ。それに寄る年波には勝てない。安物シュラーフでは、あまりの寒さに、夜も満足に眠れない日が続くことになる。

そこで、ある日一大決心をして羽毛一kg入りの高級シュラーフを買った。さて、どうだろう。まず冬の早朝、必ず悩まされる冷えから解放された。おかげで野遊びの疲れが半減した。

野遊びではケチ感覚というものをどこに持っていればよいか、このシュラーフに話が尽きる。大事な睡眠や防寒着、レインウエアなど、身を守り安全を確保しなければならないものには、ケチってはいけないのだ。当たり前か……。

ケチってはいけないことのもうひとつに、野宿場探しの目と労力がある。

八年ほど前、南アルプスの光《てかり》岳を沢登りで目指そうと、出かけたことがあった。沢登りルートとしてはかなりポピュラーなのだが、やはり登山者が少ない南アルプスのこと、そこを訪れる人もまれらしく、ルートはことごとく崩れ、ようやく踏み跡をたどれる程度だった。初心者も同行していたためにクライミングロープで身を確保しながらの遡行。そして、最後の高巻きを終えてフィナーレを迎えようとしたが、すでに陽はかげり、ビバークを余儀なくされた。

さて野宿場だ。やっと越えた二〇m滝の上にはメンバーが寝られる程度の岩場があるが、ここだと沢が増水でもしたら全員いちころだ。しかし、空は晴れているし、疲れていることだしと、そこでビバークを敢行した。経験の浅い一行だからなしえた危険な賭けでもある。

一夜明けて、遡行開始。すると上流の滝下の右岸に、しっかりとした台地があり、苔むした岩場は数年来水をかぶったことがないことを物語っているではないか。薪も豊富にある。一同、がっくりしたことはいうまでもないが、野宿場探しの目が持てず、また労力をケチったばかりに損をしたケースだ。

このようなことはままあることで、「寝られりゃどこだっていい」という考えでは、快適な野宿の機会を失うことにつながり、時として命の危険にさらされる、なんていうことにもなりかねない。野宿場探しの労力はケチらないことだ。

ケチってはならないものとして、野宿料理の材料もある。野宿で何が楽しいかといえばその場で食らう料理と酒。地方に行くと、魚は安い、野菜は安い、とつい手を出してしまうものだが、安いものは安いなりに理由があり、それは地方も中央も同じ。タイなどは養殖物と天然物では倍以上も値が違うが、味のほうも全然違って養殖物を買えば結局安物買いの銭失いとなる。特に観光市場のケース売りは禁物、日の経った売り物にならない魚ばかり入っている。せっかくだから、材料代はケチらず、人に自慢できるほどのものを食いたい。ただ、そのためには、市場原理を知り、目利きも養う必要があるのだが……。

逆に、ケチってよいものが薪。暖を取り、野宿の夜を演出する薪だから、いくらあってもよいが、これを豪勢に一発点火、はいソレマデヨでは、あんまりだ。

Photograph by Mitsuru Hosoda

第2章
野遊び道具

ラクダ賛歌

ウールは濡れても体温を保持する。これがラクダを選んだ最大の理由だ。それに通気性がよい。というわけで夏の盛りは別にして、野外ではいつもラクダを着ることにしている。何といっても、春と秋のラクダの快適さといったらない。ウールの素材は肌の感触がサラリとして気持ちがいい。難をいえば高価ということだ。それに最上級のカシミヤ製のラクダは、汗で濡れると縮んでフェルト状になってしまう。それもかなり激しく縮む。

僕は最初ウールとカシミヤの混紡のラクダを愛用していた。三、四年使用しているうちに、縮んでツンツルテンになってしまった。しかし目の詰まり加減が絶妙の具合になった。マイナス三度Cぐらいまで、このラクダの上下だけでシュラーフにもぐりこんでもポカポカで眠れた。

そのうちに下のラクダの尻が擦り切れて穴があき、何度も修復したがついに引退。上のラクダは洗濯のきくウールのラクダを重ね着して、厳冬期にまだ活躍している。しかしさらに少しずつ縮んで、肩がきゅうくつでどうしようもないので袖を切り落としてベスト状にした。これでまだ着られるというわけだ。

　今は二代目のラクダで、前にちょっと触れた洗濯のきくウール製だ。値段も少し安いが、その分だけ防寒の能力も落ちる。しかし春、秋、初冬のシーズンには充分に働いている。それからラクダの下の尻の擦り切れ防止に、上から短パンを重ねて履いている。

　ラクダの上下は化学繊維に比べると、焚火のはぜにも多少勝るようだ。しかし安心していると、あちこちに小さな穴があくことになるので、焚火の前では、用心してかかるに越したことはない。

パンツの機能を考える

野外活動の基本は徒歩だ。だから、パンツは足の動きをできるだけ妨げないものがいい。動きの面から考えたら、本当は何も履かないのがいちばんだが、パンツには岩や尖った枝、虫などから足を守る役目もあるし、寒さを防ぐ効果もあるから、やはり必要なのだ。

足の動きが楽なのは、パンツに伸縮性があるか、または運動の邪魔にならないくらいにゆったりしているかだ。パンツを選ぶ基本はここにあるといってもいい。僕は、ふだんまず濡れることがないようなときには、パタゴニアやグラミチなど、コットンでできた太めのパンツを履いている。これで大体のシーンはクリアできるのだ。

とはいっても不意の雨などで濡れることがある。コットンは濡れると冷たいから、そんなときは下に化繊のタイツを履く。そのためにもゆったり目がいいのだ。

始めから、沢歩きや川の徒渉が頻繁にあることがわかっているときは、化繊やウールのタイツを履き、その上に防水していない薄いナイロンのパンツをつけることにしている。こうすれば風があってもそんなに寒くない。

なぜ防水してあってはいけないかというと、行動中はムレるし、なかのタイツが体温で乾くのを妨げるからだ。どうせ濡れるのがわかっているのだから、防水地など必要ないというわけだ。同じ濡れるのでも、もっと温暖な季節であれば、一見普通のスタイルだが、ウエストがエラスティックで楽なポリエステルのパンツだけで充分だ。この素材は乾きが早いので、野遊びの一日が終わり、野宿地でくつろいでいるうちにほとんど乾いてしまうだろう。

いちばんいけないのはスリムカットのジーンズ。もし濡れてしまったら、一歩歩くたびにゼイゼイいわなければならない。野遊びにジーンズも悪くはないが、選ぶならストレートカットの、しかも二サイズくらい大きいものにするといい。

丈夫というより頑丈がぴったり、パンツ

フィールド用のパンツは、なかなか気に入ったものがなかった。リーのコーデュロイのパンツを、ずいぶん長い間愛用していた。それでも、これだという感じがひとつしない。膝が破れやすいのだ。膝はもっともよく汗をかくところだし、薪《まき》を折るのに、どうしても膝を使うので仕方がない。

そんなときに出会ったのが、フィルソンのダブルティンパンツだ。どちらかというと無骨なデザインで、ひと目見て「これは丈夫だぞ」と思った。

触ってみるとなおすごかった。このパンツの布地は一枚だけでも充分に酷使に耐えうる厚さなのに、名前の通り二枚合わせで膝のあたりまで縫合してあるのだ。前合わせの部分、つまり非常口というか、社会の窓というか、そこの開閉が金属のボタン。ベルト通しも幅が広い。前後にサスペンダー用のボタンもついている。このダブルティンパンツとの出会いが、長年の不満を払拭《ふっしょく》したのはいうまでもない。

それも道理で、フィルソン社は一八九七年創立のアウトドア用品の老舗中の老舗である。フィルソン社のあるワシントン州シアトルは、当時、ゴールドラッシュに憑《つ》か

Photograph by Mitsuru Hosoda

れた男たちがアラスカに向かう出発点でもあった。金鉱掘りの男たちは過酷な労働に耐えうる唯一の素材としてフィルソンの布地を認め、その製品を使っていたのだ。

実際に履いてみると、ダブルティンパンツはとても歩きやすかった。ウエストはちょうどのサイズできっちりしていても、股のつけ根がスッとゆるくなっていて、膝の屈伸がとてもスムーズなのだ。

色は、砂漠の砂にちょっぴり緑を足した感じというカーキ色。このパンツはポケット袋がない。二枚の布をポケットの形に沿って縫ってあるだけ。この独特の形態のポケットは、ものの出し入れがとても楽にできる。

このあとすぐシングルティンパンツも購入した。こちらは生地が一枚というだけで、歩きやすさもまったく変わらない。ポケット袋は白の綿だが、これも普通の布より厚く丈夫だ。隅々まで堅牢さが考えられている。

しかしこのパンツのおかげで、妙な癖がついた。シングルティンもダブルティンも、尻ポケットにフタがついていて、ひょこっと上を向いてしまうことがある。これが意外にみっともない。というわけで、ときどき尻をなでてフタの状態を確認する。焚火の前から立ち上がると同時に両手で尻をなでるので、ちょっとばかり老人くさくなってしまうのである。

汗もさわやかフランネルのシャツ

綿のシャツのよさは何といっても、吸湿性がいいことだ。それと肌触りだ。しかし、化学繊維でも吸湿性、肌触りに引けをとらない能力のものがあるから、どっちを選ぶかということになると、結論は好みというところに落ち着くだろう。

綿のシャツでは、フランネルのシャツが僕の好みだ。新品は表面がやや起毛していて、袖を通すとモサッとした感じがする。それで、よし、こいつもクタクタになるまでフィールドで頑張ってもらおう、という気持ちになる。

最近はジーンズを売っている店なら、どこでもフランネルシャツを置いてあるが、ひところはなかなか売っている店がなく、手に入れるのに苦労した。ビッグマック（USA）のシャツなんかがあれば、めっけもんだった。

何でもかんでも輸入品がいいというわけではないが、アメリカ製はやはり綿の質がいいのだから仕方がない。

表のぼけたようなチェックをプリントしたものがあるが、やはり編みこんである生

最近のシャツは タグも 凝っているが、材質がよくない。
首に当ってチクチクするので、全部とってしまった。
残っているのは これだけだ。

地のシャツが断然いい。何度も洗って起毛もなくなり、糸目がはっきり現われてくると、えもいわれぬ風合いになる。サイズはL。ゆったりと着る。袖口にボタンをひとつつけて増やし、きっちり止まるようにする。

たとえ夏でもフィールドでは長袖である。大きめのサイズだから腕まくりも、肘《ひじ》の上までできる。

最近はほとんどのシャツが、襟裏のタグを化学繊維に変えてしまったので、首にチクチク当たって不快でしょうがない。それで全部切って着ている。生地自体もちょっと前に比べると、質が少し悪くなったような気がする。

フランネルシャツは何度か洗ってから、着心地のいいメーカーの同じものを選ぼうとするのだけれど、タグがないのでさっぱりわからなくなってしまった。それに加えて、物忘れがだんだんひどくなってきているのも原因だ。

着やすさと機能性で選んだ僕の上着

野遊びといっても、一年中まったく同じものを着ているわけではない。一度野に出れば、着のみ着のままのことがほとんどで、シーズンによって着るものを替えるのが当然の成り行き。ただ焚火で暖を取れる場合、よほど寒くない限り着ている上着は一年を通してあまり変化はない。

僕の場合、フリースの上着が現在のところ重宝している。昨今フィールドで、この素材の上着を着ている人を見かけるようになったが、まず軽くて着疲れしないということ。快適な野遊び生活を送ることを考えれば、これは大切なことだ。

次に、保温性、防寒性が優れていることがあげられる。フリースの表地は目が詰まり、裏が起毛しているので、保温性、防寒性はいい。冬の野遊びでは、これらの諸条件は、選択時に当然考えに入れなければならないが、夏の野遊びでも寒さに震えることがあり、一年を通して重要な条件だ。冬はアンダーウエアに気を遣うようになったので、あまり寒さが応えるようなことはなくなった。

また、撥水性があるので、少々の雨なら、カッパを出すまでには至らない。それに製品もカラフルで、いろいろなデザインがあるのもありがたい。残念なことは、化学素材のため、熱に弱いことだ。

一方、天然素材の上着といえば、僕はナイロンの裏地をていねいに縫いこんだフィールドコートを着ている。表地は丈夫な綿製の帆布でできており、冬のオートバイ走行でも風を通さず、防風性、防寒性ともにかなりよい。羊毛同様に火にも強いので、焚火の機会が多い野遊びでは重宝する。

このフィールドコートを着て知ったのだが、出回っているフィールドコートに多い裏地の起毛素材は、あまり役立たないという点。防寒はまずは風を通さないことが最も重要であり、保温は独立した軽い素材の中間着を利用するか、ダウンの上着を着たほうがいいだろう。要はレイヤードの問題かもしれない。

また、このフィールドコートには、ハンティング用のために、ポケットがウエスト部よりもやや上方についている。腰をかがめて銃を構えたときに、銃弾などを取りやすくしたものらしいが、初めは使い勝手が悪かったものの、慣れると腰をかがめての仕事が多い野遊びでは実に使いやすい。

ただ、帆布なのできゅうくつな面と、かさばる点は否定しがたく、保温性も今ひとつで、フリースの安物チョッキを着て、保温に役立てている。

こんな上着が欲しい

野遊びに出かけて、昼間の行動中に着る上着は、いつどんな所に行くかによって今までいろいろと着分けてきたので、何を選ぶかで困ったこともない。しかし、一日の行動が終わり、いよいよ焚火を囲んでくつろぎ、そのまま野宿するという段になると、これらの上着ではちょっとだけ不満がある。

普通のフィールドジャケットでもそんなに文句はないのだが、焚火という、僕らにとってはただ暖を取るだけのものではない場所に座るには、それなりの雰囲気の上着が欲しいからである。もちろん、涼しいからちょっと羽織る、フリースジャケットを火の粉から守る、ゆったり着られて、かつ、くつろげる、といった現実的な役目も果たすものでなくてはならないが、ウエア業界にはそんな需要があるとは思えないし、まして焚火用の衣類など存在するわけがない。これは、野遊び人の、ないものねだりということになる。

それならいっそのこと自分で作ってしまおうと考えた。デザインのヒントになったのは、イヌイット（エスキモー）の人たちが着ている、アザラシやトナカイの毛皮で作ったパルカだ。彼らが着用しているのは袖つきのプルオーバーで、ダブッとしていて、動くのも、座っているのも楽という革製のジャケットだ。極北で着用しているだけあって、本来のパルカは強風や吹雪にも耐えうるフードつきだ。が、挑戦したウエアは焚火だけのためだからフードはいらない。と、まあ、このような構想である。

まず素材の確保である。これは、生地屋でボートクロスと呼ばれる柔らか目の綿布を調達した。色は濃紺。パルカはT字型でデザインがシンプル。文字の横棒にあたるのが左右の袖で縦棒が胴部分になる。

案外簡単にできあがって試着してみるとザックリした着心地で、結果は考えていたものにかなり近かった。あぐらをかくと丈があるので両膝のあたりまで覆い、座り心地満点。まあまあ満足のいくものだった。

本当なら、冬の野遊びのために、イヌイットの着ている本物が欲しいし、ダメなら毛皮で作ってみたいのだが、それはなかなか難しいので、今度は古毛布で作ってみようと考えている。

こうやって自分が欲しいウエアについて考えていくと、結局は野性のフィールドで暮らしてきた人々の伝統的な衣装に行き着くことになるようで、今さらながら先達の経験と工夫には感心させられるのである。

小さな襟をつける
麻袋に穴をあけ、袖をつけたようなシンプルな構造。素材はコットンキャンバスか毛布地のような厚手のウール
鹿角のボタン
縫製は丈夫一点張り。すべてダブルステッチ
スタイルは深めのプルオーバー。ボタンはひとつで充分
袖もシンプル。カフスなし。ただし、肘のあたりで少し曲げる
こういうところは力布を当てて補強したい
体を丸めたときに背中が出ないよう後ろは長め。脇にスリットを入れる
下にセーターやダウンジャケットを着られるように、身ごろはゆったり

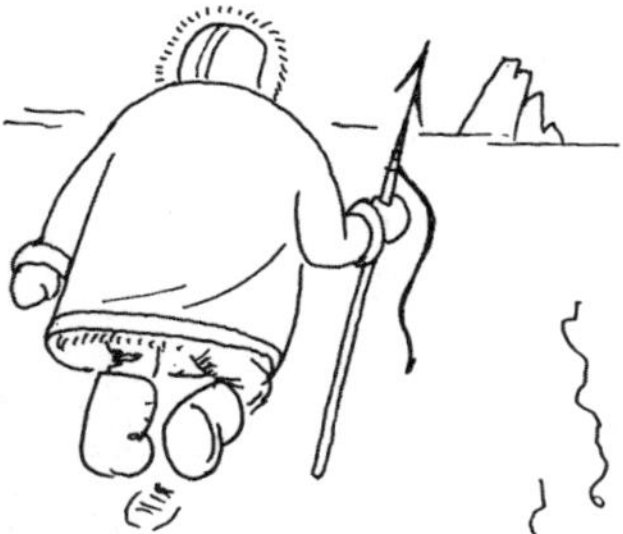

正確かどうか知らないが
本当はイヌイットの人た
ちが着ている毛皮のこれ
が欲しいんだけど……

こんなふうに焚火の前でダラダラするときに
着る。眠くなったらそのままゴロリと横になる

Illustration by Mitsuru Hosoda

こんなフィールドコートが欲しい

野外用のコートといえばマウンテンパーカーがすっかり定番になった。ところがパーカーは、移動するために着やすく作ってあるので、焚火の前で酒を飲みノラクラ過ごすのには向いていない。

そこでブッシュジャケットを着たこともあるが、コマンドー・マニアみたいで具合が悪い。やっぱ大袈裟《おおげさ》なんだ、アーミイスタイルは。

というわけで今はハンティングコートを愛用している。しかし満足はしていない。狩猟用なので、肩の両脇にタックが入っている。これは銃を構えるとき、肩と脇が素早く延ばせるためだ。そこでここを縫いつけてしまった。袖口もボタンで止めるようになっているが、長いので筒袖にした。インナーがつけられるようになっているので、ダボついてフィット感に難があり、裏地によけいなボタンがある。両胸から肩にかけて銃床当てが縫いつけてあるので、うるさい感じがする。しかし、仕方がない。

ここで考えこんでしまう。すっきりしたプレーンなデザインのフィールドコートが欲しい。最近、切にそう思う。条件はいたって単純だ。

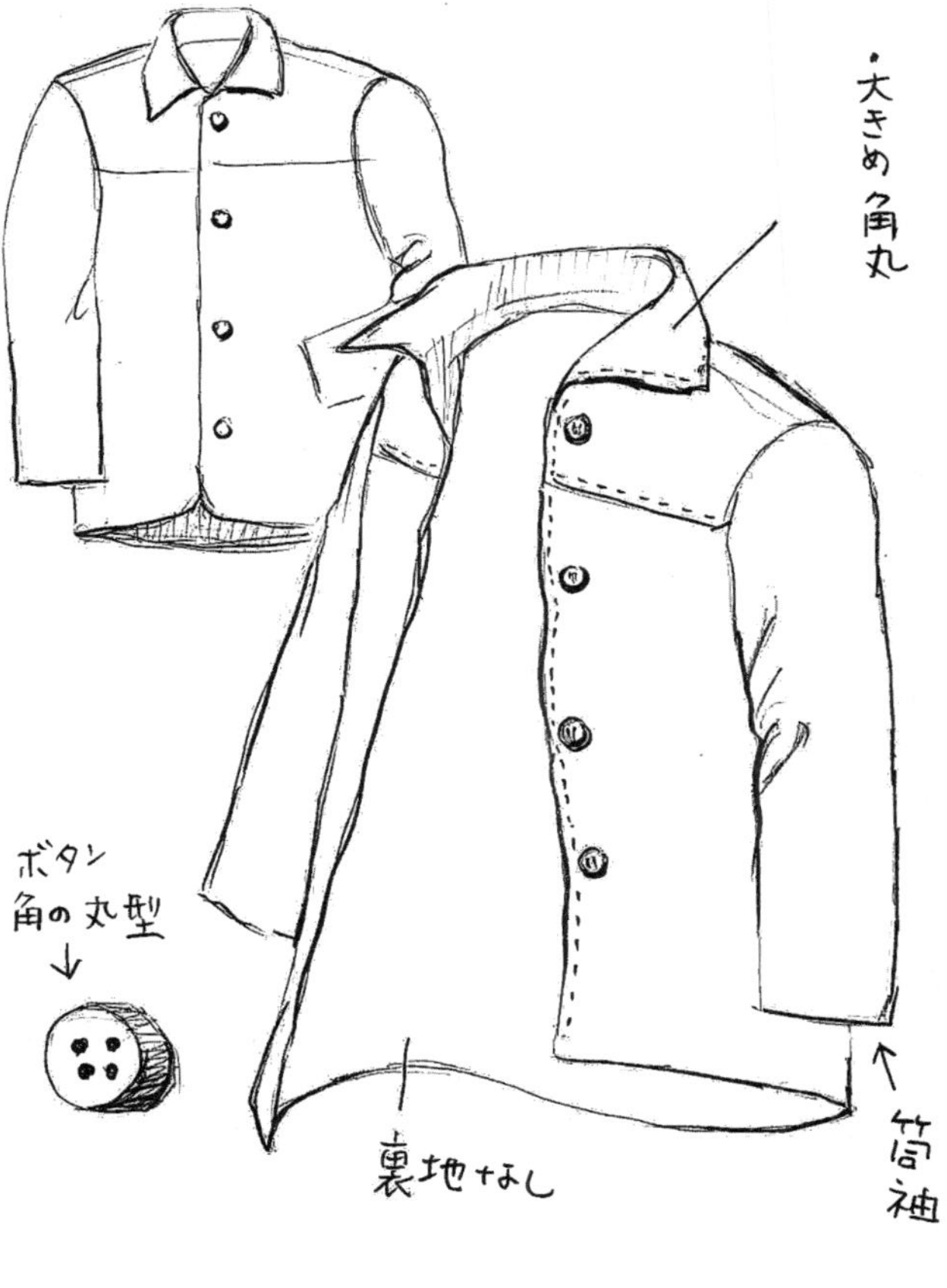
・大きめ角丸
ボタン
角の丸型
裏地なし
筒袖

素材／厚手の帆布、または薄いバックスキン。

色／薄茶色（サドルカラー）。

襟／大きめで角丸。

袖／筒袖でつけ袖。ボタン四個。ポケットなし。裏地なし。

これは簡単だと思うのだけれど、探してもまずない。四〇過ぎ男の手習いで、自作してみようかな、と思っているこのごろなのである。

イージーな性格だからイージーパンツ

野遊び着といわず、ふだん着といわず、いつもチノパンを履いている。現在、何代目かになるチノパンは廉価品だが、肌触りもよく、撥水処理を施してあるので、始めのうちは汚れもさほど目立たず、またいくらか防水性もあった。

しかし、時が経てばそうもいかない。ちょっとの雨でも濡れてくるし、濡れれば冷えと不快感に悩まされることになる。そこで、綿の肌触りのよさがあり、濡れに強く、かつ保温性があるものをと、用品店を回ったが、これといったものが見つからなかった。今でも理想のパンツを探している最中なのだが、これに加えたい条件がイージーパンツの履きやすさと機能性を備えたタイプ。

材質は先の条件でよしとすれば、まずはポケット。股上の深いものが履きやすいので、そうなるとポケットの位置がウエストのすぐ下についている今の形では使いにくく、不便なのだ。そこで、もう少し下方にあり、かつ内側にポケットの口が開いているとありがたい。それに、作業用パンツのように股の横にポケットがあるのも便利。なら、作業用パンツを買えばいいじゃないか、といわれそうだが、デザインひとつを

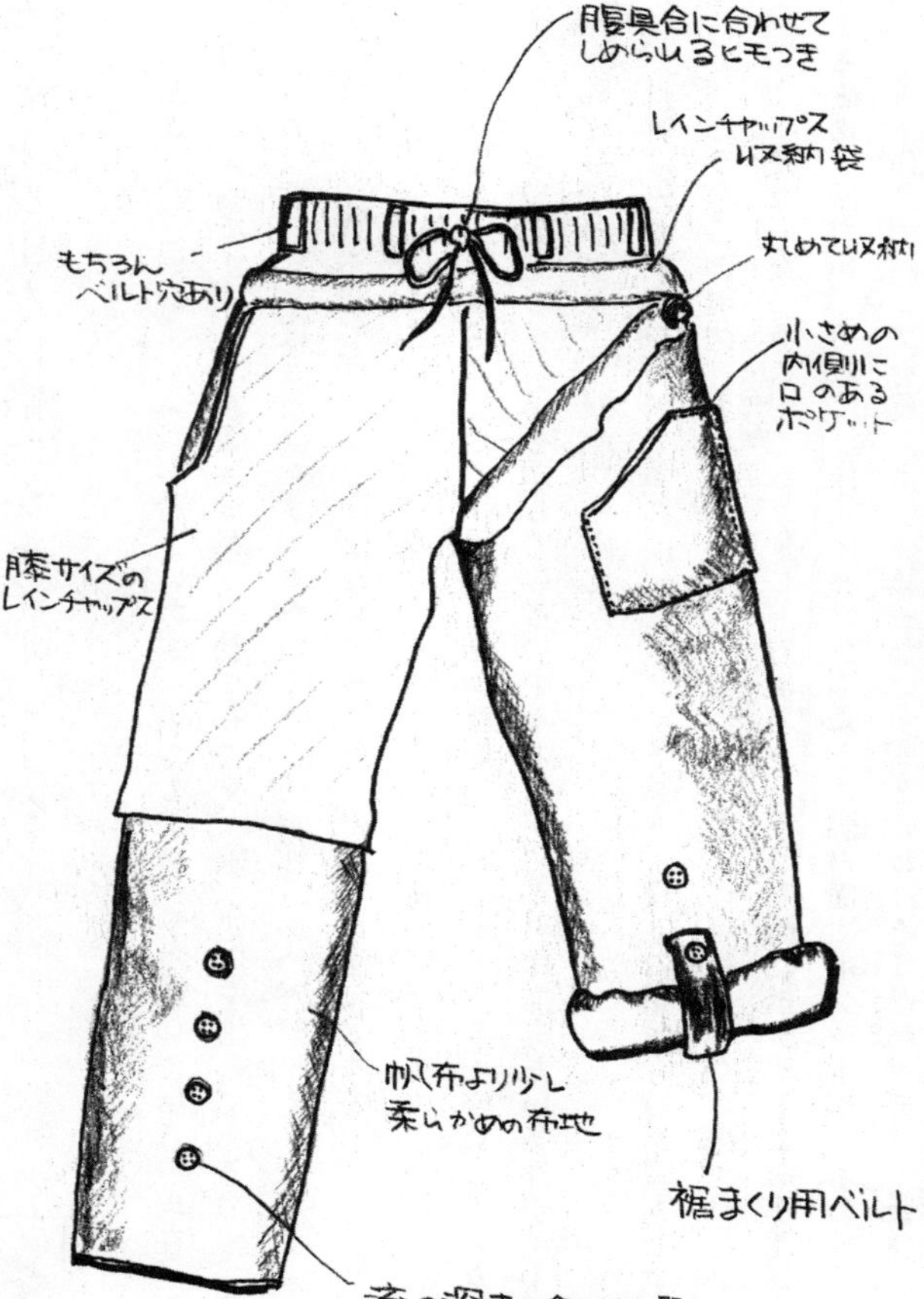

Illustration by Takashi Maki

とっても、あれではちょっと違うような気がする。ウエストポーチを使うので、小物が入る程度の大きさでよいのだ。

次にパンツの裾をまくり上げたときに、それを束ねておくようなベルトが内蔵されていると、便利だろう。よくパンツの裾をまくって川に入っているおじさんを見かけるが、僕も短パンを忘れてきたときなどはそうすることが多い。

次にウエスト部分。ここに防水の膝当て（膝サイズのレインチャップス）が内蔵されているといい。雨が降ったり、ヤブこぎなどでどうしても濡れやすいのが膝の部分。だから、そんな状況になったときに、すぐに防水の膝当てが出せて装着できれば、パンツを濡らさずにすむわけだ。内蔵の方法は、帽子に内蔵された防虫網や、ジャケットの背の裾に内蔵されたカッパと同じ原理で、ウエストの前部分に内蔵できたらいいなあ、と思っている。薄い材質ならたたんでかさばらないと思うのだが。

ベルト通しもついていて欲しいのだが、腹のふくれ具合によって調節できるヒモがついていれば、焚火の周りでぐずぐずやっているときに楽だ。このイージーパンツのいちばんの利点をチノパンにも採用するといい。

色はもちろん茶系。汚れも目立たないエコロジーカラーがいい。一度自分で作ってみて試行錯誤を繰り返し、理想のパンツを完成させてみたいと思っている。

僕がカッパと出会ったとき

僕が高校生だったころ、第二のカミナリ族時代だとかで、高校生という高校生はオートバイに興味を持つか、また乗っていた。かくいう僕も年中警察のやっかいになる悪ガキライダーで、暇を見つけてはオートバイで仲間とつるんで走り回っていたのを思い出す。

そんな仲間と、ときおり遠方にツーリングに出かけたのだが、雨が降ると、安くて縫い目がいい加減なナイロンにゴム引きのカッパを着た。しかし、スピードが出、もろに雨水をかぶるオートバイ走行では、このカッパでは何の役にも立たない。水が下着まで染みてくる。そこで買ったのがオールビニール製の農作業用カッパ。ただただ防水性だけは抜群だった。

ガキを卒業し、山歩きをするようになって久しぶりに買ったカッパは、ハイパロン地で今度は縫製もしっかりしていたが、なにしろ蒸れる。縫製がしっかりしている分、蒸れもひどいのだ。金がないのでしばらくそれを利用していたが、仲間が新調したゴアテックスのカッパの「防水性はすこぶるいいし、蒸れない」という話を聞いて、今度はゴアテックスのカッパが欲しくなった。しかし、安物なのか、まがいものなのか、ヤブこぎで簡単に破れた、という話を聞いて、ゴアテックスのカッパを買うのは考えものだと思った。

ところが、ゴアテックスの本場、アメリカ製のゴアテックス・カッパを試着したときに、僕は「これだ」と思った。縫製もしっかりしていて、ヤブこぎをしてもとても破れそうにない。が、値段を聞いて唖然《あぜん》。何と一〇ン万円もする。僕の野遊びの範《はん》疇《ちゅう》を超えた、すでに野遊び用ではないレインウエア、いわばフォーマル・レインスーツなのだ。

登山のような激しい動きが要求されない野遊びのカッパの機能を考えると、それほど耐久性は必要ないように思われるが、動きが少ない分、快適さがないと、雨の日は辛い野遊びで終わってしまうことになる。したがって、登山同様、防水性、透湿性、防風性がしっかりしたものを、選ぶ基準にしたい。

さらにヤブや林を歩くことが多くなれば、生地の適度な厚さと堅牢さは抜き難い条件になる。

そんなときに出会ったのが、あるフィッシングメーカーが販売していたGB※ニューファムという素材のカッパ。防水性、透湿性、防風性という、素材の基本条件をクリアしているばかりか、ほかの素材と違って伸縮性があるので、よほどのヤブこぎでもヤブに引っかけたことがない。また、腹部に雨水が入らないような返しをつけ、余裕を持たせた構造となっているため、漏水という経験も皆無だ。

しかし、何よりも縫製がていねいでしっかりしていることがいい。素材の特徴も重要なポイントだが、丈夫さはやはり作りだろう。

「雨中を速度五〇㎞で走行しても漏水しない」というメーカーの触れこみはまんざらうそではなかったようだ。

今年でこのカッパは四年目の酷使に耐えているが、生地もいっこうに劣化する兆しはなく、縫い目がほつれることもないバリバリの現役。ただ、どうした理由からか、メーカーがこのカッパの生産を中止してしまったのだ。素材のトラブルがあったのかどうか、想像もしがたいが、今のカッパがダメになったら、次は何を選ぶか、また悩まされるときが来ることになる。

※GBニューファムなる透湿素材のカッパは発売翌年に姿を消し、以降釣りやアウトドア界で耳にすることはなくなった。使用していたカッパは五年目に裏地のフィルムがはがれ、修復が困難となり、惜しまれつつ引退。以降は入手しやすいゴアテックス素材のレインスーツを愛用している。

靴下、これを選んだ理由

我々は靴を履かなければ歩けない動物である以上、靴下はとても重要なウエアだといえる。靴下は防寒具であると同時に靴と足の間に入れる緩衝材でもあるのだ。もし靴下なしにヘビーなフィールドブーツを履いたとしたら、一〇〇mも歩かないうちに足はボロボロになってしまうだろう。我々の足は、何世代にもわたる靴履き生活によりすっかり弱くなってしまっている。だから、野遊び用の靴下はいいものを選んだほうがよい。

例外はあるが、野遊びのために靴下について単純に意見をいうならば、靴がしっかりしたものであればあるほど、歩く距離が長くなるほど、そして背負う荷物が重くなるほど、厚めにしたほうがいい、ということになる。

特に靴については、内部にパッドのない一部のワークブーツや、ハードに仕上げられた革製の登山靴などでは、パッド替わりに厚めの靴下を履くことをおすすめしたい。靴を購入するときは、そのことを頭に入れてサイズ選びをする必要がある。また、ぴったりしすぎる靴は、内部の換気も悪くなるから、足の健康にいいとはいえない。

さて、最近のスポーツ・ソックスは驚くほど進化している。材質は化繊か、化繊とウールまたはコットンの混紡が多く、汗を速やかに外部に排出するウィック効果の高いものや、抗菌、防臭処理を施したものなど、足の健康を重視した素材が増えた。また編み方も、従来のように均一ではなく、必要に応じて各部分によって厚みや伸縮性などに変化をつけるようになった。

考えてみればこれは当然のことで、靴は目的によって細分化されているのに、靴下だけはどれも同じ、ではおかしいのだ。

僕が今、いいなと思っている一番新しい靴下は、アメリカ、ソロ社※の「パッズ」というシリーズで、およそあらゆるスポーツ専用の靴下がある。この靴下のすごいところは、厚さが場所によって四段階に分かれているということ。まずカカトの上、アキレス腱のつけ根だが、ここが一番厚く、靴ずれ防止に役立っている。次に厚いのがつま先から拇指球《ぼしきゅう》にかけて。ここはいちばん力が入るところだ。ふくらはぎの下が同じ厚さで編まれているが、これは独特のもの。さらにスネの前面からつま先までがやや厚め、土踏まずやそれ以外の部分は薄め、という凝りようだ。

実際に履くと、裏側のソフトなパイル仕上げとあいまって非常に快適で、シール登行で悩んだ靴ずれの心配もない。素材はデュポン社のサーマックスとウールが主体。

値段は三〇〇〇円くらいだったと思うが、三足一〇〇〇〇円の靴下を三回買うよりずっと価値がある。

※ソロ社はアメリカのソックス専門メーカー。現在、同社は「パッズ」シリーズに替えて、通気性を保ちながら保温性を維持する特殊素材「THOR・LON」を使ったスポーツ別専用ソックス、「ソロパッズ（Thorlos）」を販売。ソロパッズにはソロパッズ トレッキングなどがある。

大型の鹿、エルクの革手袋

野外では軍手よりも革手袋がいい。熱やトゲに強いからだ。今使っているのは三代目の革手袋だ。この間およそ二〇年というところだ。

一代目は作業用の革手袋だった。よく幹線道路沿いにある、作業衣を売っている店で買った。価格は一〇〇〇円でおつりがきた。色はやや赤みのある黄土色。手袋は安物だったが、保革油は上等のミンクオイルをたっぷり塗った。そうするとけっこうしんなりして、使いやすくなった。ただ難点は、手首のところがずんどうなので、ぴったりとフィットしないことだった。それでもこの手袋は充分に働いてくれたが、指の縫い目からほつれ始めて、ついに引退した。

二代目も同じタイプの店で買った。前回の経験から手首にゴムが縫いつけてあるものを買った。甲にワッペンがついていて、これがダサかったので取った。革には、やはりミンクオイルをたっぷり染みこませた。

値段は一五〇〇円でおつりがくるぐらいだった。手首にゴムが入っているのでフィット感はよかった。しかし作業用の手袋のせいか、縫製にきめ細かさのようなものが

Photograph by Mitsuru Hosoda

ない。特に小指の根元の食いこみが浅く、指の根元までピシッとはまらない。指先ひとつ分くらいのすき間ができてしまうのだ。まあそれでもこの革手袋も、くたくたになるまで活躍してくれた。最後はドジな僕が丸ノコに左手を引っ掛けて、手袋の人差し指と中指がズタズタに切れてしまった。この革手袋をしていなかったら、指は切断されていたかもしれなかった。今でもかなりの傷跡が残っていて、指が無事だったのはこの手袋のおかげだと感謝している。

安物を使っていろいろのことがわかったので、多少値は張るけれど今使っている手袋を買った。これが三代目である。アメリカのロッキー山脈に住んでいる、エルクという大型の鹿の革製の手袋だ。その名もエルク・スキンである。どういうわけかこの手袋は、保革油を塗るなという注意書きがあった。どうも変だと思い、ミンクオイルをちょこっとばかり塗ったら、奇妙なことに革がネバついてどうしようもない。使用説明書を信用しない疑り深い性格はどうしようもない。

革質は柔らかく、しかも厚い。作業用の手袋に比べたら雲泥の差だ。手首にゴムを縫いこんでいるのはもちろん、指の切れこみも深く、人差し指から小指までぴたっとフィットする。焚火の燃えさしをつかんだり、熱いコッフェル、ささくれだらけの薪……用途は限りない。春夏秋冬、季節に関わらずいつも持ち歩いている。

四角い魔法の布

バンダナをいつから使い始めたか、はっきり記憶にない。意識しないまま生活に入りこんできて、いつの間にか手離せなくなっているというふうなのだ。最初のころはそんなに色数もなく、赤か紺の二色でペイズリーの模様だったような気がする。いつの間にか大きなバンダナも出回って、模様も多種多様になったが、アクリルの混紡しているものが多い。大きいのは使い勝手はあるものの吸湿性が悪いので、帽子のベルト代わりに使うと強風のときでも飛ばされる心配がない。ヘッドバンドにして頭に巻き、こめかみのところにマグライトを差しこんでも便利だ。

綿一〇〇%のバンダナは、手拭い感覚で腰のベルトに通して使っている。こうしておけば、いちいちポケットから取り出さなくてすむ。使い勝手のいい大きなバンダナで、綿一〇〇%のものがなかなかないので、山猫のイラストレーションをあしらったのを注文して作った。布がもう少し厚いほうがよかったかなと思ったがまあ満足のできばえだった。もちろん吸湿性はいい。ちょっぴり赤の入った黄色の基調色も、気に入っている。

愛する道具、使用前使用後

大量生産品が出回る昨今、一生ものと呼べる道具と出会う機会は少なくなった。また、安い規格品ばかり置いている店が多くなり、一生ものの道具を並べているような店が減っているのも現実。これだと思う道具と出会っても、値段が高かったり、購入しても使いこなせなかったりと、いろいろ難しい。

別項目でも書いたが、コッフェルがそうだ。炒め物、煮物、蒸し物、と何にでも使いこなすためには、頑丈さと機能性がないと使い勝手が悪く、野外での料理がはかどらない。高価ながらもシグのコッフェルなどは機能性では理想的だが、これまた使いこんでこそ、その充分な性能、威力を発揮するものなのだ。

硬い帆布を用いたフィルソンのパンツもそうだ。始めから履きやすく作られているわけではないので、履きこんで自分だけになじんだものにしていくことになる。

使いこなすということは「自分用に育てる」ことであり、そうすることで野遊びの領域も広がり、道具に対する目利きも進歩する。使用後の風合いは、歴戦の野遊びを物語るのだ。

· Before

Photograph by Mitsuru Hosoda

· After

使いこんだコッフェルへの愛着

野宿料理では熱源をガスストーブなどのキャンプ用器具に求めるものと、直接焚火※に求めるふたつの場合がある。この熱源に対し、野宿料理に欠かせないコッフェルも当然使い分けたほうがいい。

現在市販されているコッフェルには、アルミ、ステンレス、ホウロウ製があり、それぞれ家庭の調理用具同様に特性があるほか、シグのコッフェルのように火がコッフェル全体をなめるようにデザインされたものなど、機能的なデザインや携帯性も考えて作られている。

僕がふだん野遊びで使っているのは、登山用具店のバーゲン品のコッフェルで、アルミ製。バーゲン品とはいいながら、身が若干厚めにできているので、ストーブにかけてもよし、焚火にかけても安心して使うことができ、またほかの材質のものと比べて軽いので重宝している。

ただし、アルミ製の場合、軽くて便利な半面、身が薄いものだと、焚火でじっくりとまではいかず、こがしてしまったり、なかには穴があいてしまうものもある。また、

2.0L
1.0L

醤油や塩に対して弱く腐食を起こしやすいので、使用するたびにていねいなメンテナンスが必要だ。

一方、ステンレス製は腐食にも強く、きれいで長持ちするようだが、熱の回りに今ひとつ納得がいかない。いわゆる保温性もないので、二重構造のものに期待したいが、重さの点ではどうかな、と思っていた矢先、その二重構造を重視したシグのステンレス・コッフェルを野宿仲間のHに見せてもらった。これはかなり期待できそうな代物だった。

そして、ホウロウ製。ホウロウ製はこげが心配な野宿料理には不向き。重い上に見てくれも好きではなく、あんなものはオートキャンプの朝のコンソメスープ作りにでも使えばいい。論外!

理想のコッフェルとは新品の高級品ではなく、自分で育てるものだ。そう、油をひかなくても目玉焼きが作れるほどに愛用すること。

ともかく年がら年中使うことで自分の野宿料理になじませることだ。そこで初めて愛用のコッフェルができるわけなのである。

ところが、いつの日だったか。なるべく油を含んだこげ目をつけて愛用のバーゲン・コッフェルを育てている最中に、それを「汚い。オマエんところでは鍋洗いもちゃんと教えていないのか」と、うちにいた見習いに金ダワシでピカピカにさせた某ライターがいた。大馬鹿野郎と私はいいいたい。

参加人数が多いツアーなどで大量に料理を作るときは業務用のいわゆる寸胴、それもラーメン店のスープを作るときなどに使われる頑丈なものを使っている。強火の焚火の炎にもビクともしないし、火回りにムラがなく、安定しているので、焚火料理には欠かせない鍋なのである。

この寸胴をシグのスタイルにして縮小し、スリーピースにしたものを、現在愛用のバーゲン・コッフェルの後継にしたいと思っている。

※コッフェルはかつてアルミ製が主流。オートキャンプの流行とともにキッチンの延長のようなステンレスやホウロウ製が出回るようになった。これに現在は丈夫なチタン製も加わったが、チタン製は軽すぎてステンレスカップに慣れている僕などはいまひとつ調子が出ない。

小型ガスストーブがひとつ欲しい

「おれはすべての料理を焚火でやる」と、かたくなに決めているならともかく、そうでなければ、野遊びには小型のストーブが一台あるといい。小型ストーブと焚火を使い分けて効率を上げるようにすればいいし、なんらかの理由で焚火ができないときでも心強い。

立派なハウジングとグリルがついた大型のマルチバーナーも便利だが、運搬の面で問題があるから、車で行く場合や長期の定着キャンプなど、使える範囲が限られる。ストーブが複数必要なときはたいてい人数も複数なので、各自の小型ストーブを使えば、結果としてマルチバーナーになるわけだ。

携帯に便利な小型ストーブには、現在、燃料にホワイトガソリンを使うものと、使い捨てのカートリッジに封入された液化ガスを使うものとがある。安全や操作性など、あらゆる面で便利なのはやはり液化ガスを使ったガスストーブということになるだろう。

ただし、カートリッジの補給ができない地域に出かけるときや、高圧の液化ガスを

Photograph by Kenji Motoyama

積みこめない飛行機を利用するときには困ってしまうが、まあ通常の場合は問題ない。

ガスストーブは、かつて火力の点で非常に劣っていたのだが、現在では、プロパンガスを混入した寒冷地用や、さらに低温に強い遠征隊用などが市販されているので問題はほぼ解決した。

また、バーナーの熱を効率よくカートリッジに伝えて、気化を促進させるパワーブースターもあるので、ガソリンストーブに匹敵する火力が得られるようになった。ただし、野外で使うときは風防を併用したほうがいい。

ガスは、メーカーによってカートリッジの装着方法が違うので、互換性はないと考えよう。現在何社かが市販しているが、プリムス、ＥＰＩなどに人気があるようだ。特にバーナーとカートリッジがセパレートになっている、ＥＰＩのアルパインストーブは安定感、操作性ともにとても使いやすい。

灯りについて

ふだんの暮らしのなかでは、本当の暗闇というものを経験することは少ない。せいぜい台風や落雷で町内がいっせいに停電したときくらいなものだ。ところがフィールドに出かけると月が出ているときでもなければ夜は真っ暗になる。よほどのことがない限り、そんな暗闇で行動することはまずないだろうが、たとえそれがキャンプ場だとしても、灯りがなければ不便きわまりない。だから、個人用の小型懐中電灯は野遊びに出かけるときの必携品ということになる。

もう二〇年くらい前になるが、アラスカの銃砲屋で、万一の場合こん棒代わりにも使えるというやけに頑丈な防水のハンドランプを買った。単2形電池が三本入るそれは黒一色でずっしりと重い。確かに武器としても充分に使えそうだった。これが僕とマグライトの最初の出会いだった。

さらに五年ほどして、再びアメリカでマグライトをそのまま小さくした※ミニマグライトを発見して驚喜した。ミニマグライトは性能が優れていて、しかも扱いやすいことから、今ではかなり普及し、だれでもが持っているようになったが、愛用者が多いということはそれだけ信頼のおける優れた道具でもある。以来、野外に出かけたときにミニマグライト一本で、灯りに関しては不便を感じたことはない。しかし、今では同じような製品が出回っていて、どれも似たような性能だ。けれどもミニマグライトの単3形電池二本、防水、クリプトン球、焦点移動可能、という仕様は当時としては画期的だった。

最近フジフィルムから発売された、単3形リチウム電池は、使わないときの自然消耗が少ないから、ランプ用の電池としては最適だと思う。ミニマグライトを持つときはスペアの電池、電球も必ず持つべきで、大体のランプにはスペア電球の収納スペースがあるのが普通だ。これらの消耗品はいつもチェックして新しくしておくと安心して出かけられるし、万一のときもあわてずにすむ。

とはいうものの、夜になってもまだ行動しなければならない可能性があるとき、例えば山歩きやスキーツアーなどでは、いつでも両手が自由になるヘッドランプのほうが遥かに使い勝手がいいし、便利だといえる。

※旧来のクリプトン球を使ったミニマグライトは基本モデルの2AA（一四六㎜）のほかに単4形一本を使うソリテールライト（八〇㎜）、二本使う2AAA（一二七㎜）がある。現在は電池と電球寿命が長く災害向きといわれるLED搭載LEDAA27ND（一六八㎜）も発売。

MAG INSTRUMENT - ONTARIO, CALIFORNIA, USA

夜に光明、小型ランタン

キャンプの夜には、頼りになる照明が欲しいときがある。特に食事の仕度のときには手元が暗いと失敗したり、ケガをすることもある。懐中電灯という手もあるが、ヘッドランプの灯りでアルミのドンブリから飯をかっこんでいる図は、昔の山岳部を思い出して、どうもわびしさが漂ってしまう。

コンパクトで頼りになる照明器具、となればやはりガスランタンだろう。何種類かあるが、なかでも特に小さいのは、ＥＰＩのマイクロ・スーパーランタンとプリムスのＩＰ２２４５Ａだ。どちらも本体だけなら二〇〇〜三〇〇ｇとかなり軽い。ランタンを使うことで、緊急用にとっておきたいランプのバッテリーが温存できることを考えると、かなり便利だということがわかる。

この二機種、いずれも圧電式の自動点火装置がついているから、だれでも扱いやすい。

ランタンは、手持ちのストーブと燃料（ガスの場合はメーカーも）を統一すると使いやすい。ガスは、不思議なことにどうしても使いかけのカートリッジがあまってしまうという現象が起きるので、ガスの消耗が少ないランタンでこれらを処分するという効率化が図れるのだ。特にストーブで長時間連続的に燃焼させると、奪われる気化熱によってカートリッジが冷え、火力が落ちる傾向にあるから、すかさずランタンに回すというやり方が、効率のいい方法だ。

ランタンは、耐熱ガラス性のグローブやマントルなど、壊れやすいパーツが多いから、運搬中はしっかりしたケースに入れておきたい。また、マントルはいつもスペアを用意しておくことも忘れずに。マントルとグローブ、どちらがなくてもランタンは機能を発揮できない。

いずれにしても、たった三〇〇gで八〇wの明るさが得られるのだから、野遊び用具のリストに加えても損はない。最近ではガソリンランタンもガスほどではないが小型化しているので、利用価値は高そうだ。

ハンドメイドのランタンケース

夜の照明にはガスランタンを使っている。プリムスの２２４０という小型のやつで、二〇年ほど前に入手したものだ。基本的には現在のものとまったく変わりない。購入したときに吊り下げ用の鎖とプラスチックのケースがついていた。当時は殺虫剤のスプレーのような細長いカートリッジが主流だったから、このケースにカートリッジを入れ、吊り下げて使うようになっていた。それはそれでなかなかよかったけれど、やがて壊れてしまった。

ランタンはデリケートな器具だ。何しろマントルはショックに弱いし、グローブも薄いガラスでできている。しっかりしたケースに入れずに持ち運ぶことは考えられない。かといって、こういっちゃあメーカーさんに悪いが、今のケースは機能的なんだろうが、あんまりカッコいいとはいえない。そこでいろいろ考えた。茶筒、コーヒーの缶、カメラレンズのケース、どれもバルブのハンドルが邪魔だったり、しっくりこない。それは当たり前で、これらはランタンを入れることなど考えて作られたものではないのだ。

ところがあるとき、シグの一ℓのタンクがちょうどいいのではないかということに気づいた。そこでちょっと勇気がいったが思い切って上の部分を切り取ってみると、何とぴったりだったのだ。さらに、偶然というやつは恐ろしいもので、カマンベールチーズの空き缶がフタとしてあつらえたようにマッチすることも発見した。

こうして、内側にウレタンを張り巡らせ、ストラップをリベットで固定してオリジナルのランタンケースが誕生した。少々高いものについたが、欲しいものは探す、ないものは作る、この気持ちだけは持ち続けたいと思うのだ。

ブキについて考える

野遊びのメインテーマのひとつに、食事がある。もちろんそれに伴う炊事も含まれる。この食関係の用具はこまごましたものが多く、システム作りが大変でもあり、また楽しみでもある。とはいっても、鍋、釜類は収納性を考えるとそんなにバリエーションが取れるものでもないし、ストーブなどもかなり限定されてしまう。そうなると工夫の余地が大きく残されているのは小物類ということになる。

　スプーンやフォーク、箸といったものを、山ヤの間では「ブキ」と呼んでいる。これが飢えた餓鬼の如き山ヤ集団の食事風景を、戦場になぞらえての武器なのか、あるいはロシア語のビューキから転訛《てんか》したのかはわからないが、なかなかにいい命名だと思う。

　さて、なかでも代表的なのはスプーンとフォークだが、これは口に入る限り大きいほうがいい。だれよりも早くたくさん食べるためではなく、おたまやしゃもじの代わりとして料理にも使えるからだ。キャンプ用として市販されているものは、軽量コンパクトを意識するあまりか、やけに小さいものが多く、上品すぎて実際にはあまり使い道がない。アルミ製で大きいのもあるが、残念なことに柄が短い。米軍用のやつはステンレス製で大きく、使いやすかったが、最近ではあまり見かけないようだ。

こう考えると、スプーン一本探すのもなかなかに大変なことで、これぞ、というものに出会うことのほうがまれである。最近気に入って使っているのが、シンプルなデザインが美しい洋銀製の大型のスプーンとフォークで、これは野遊び仲間のMが使っているのを見て、どうしても欲しくなり、古道具屋を探し歩いてようやく見つけたものだ。野遊びを始めて三〇年近くなるが、やっと気に入ったブキに出会った。

なんといっても我々日本人が誇れるブキといったら箸だろう。軽く、コンパクトでどんなことにも使えるのはこれしかない。野遊びに出かけて、その場に生えているクロモジの木などから作ることもあるが、繊細な作業をするにはやはり長めで細身、真っすぐで先端がある程度シャープなものでなくてはならないから、既製品を使うことになる。僕は今、豆腐料理屋でもらった竹の箸が気に入って使っている。

僕の炊事小物入れにはほかにアルミ打ち出しの豆腐すくい、細身のヴァイスグリップ・プライヤー、シグ社の最新式のストッパーつきクッカーホルダー、大小二本のナイフ、あたり鉢などが収まっている。

不自由を楽しみ腕を磨く

魚をさばくのは出刃包丁、小魚なら鯵《あじ》切り包丁である。そして、おろした魚は柳刃（刺身包丁）で処理をする。野菜を切るなら菜っ切り包丁。刃物の使い勝手の相場はそうである。

しかしである。野遊びではこれらの包丁はちょっと違う、と思っている。焚火に出刃包丁や柳刃は、やっぱり似合わない。野遊びはあくまでも遊びであるから、そうムキになって板前割烹風にならなくてよいのである。

そこでナイフの登場となる。しかし実のところ、ナイフは慣れないと使い勝手が悪い。

狩猟を基盤として発展したナイフは、出刃包丁と機能が違うのは当たり前。いちばんの違いは、ナイフは両刃で、出刃包丁は片刃ということだ。このことが、慣れないとひと筋縄ではいかない原因になっている。

片刃の出刃包丁は肉に対して、切れこみ角度が鋭い。肉が柔らかく脂肪分の少ない魚肉をそぐには、この切れこみと片刃が効果を発揮する。一方、ナイフは大型の哺乳

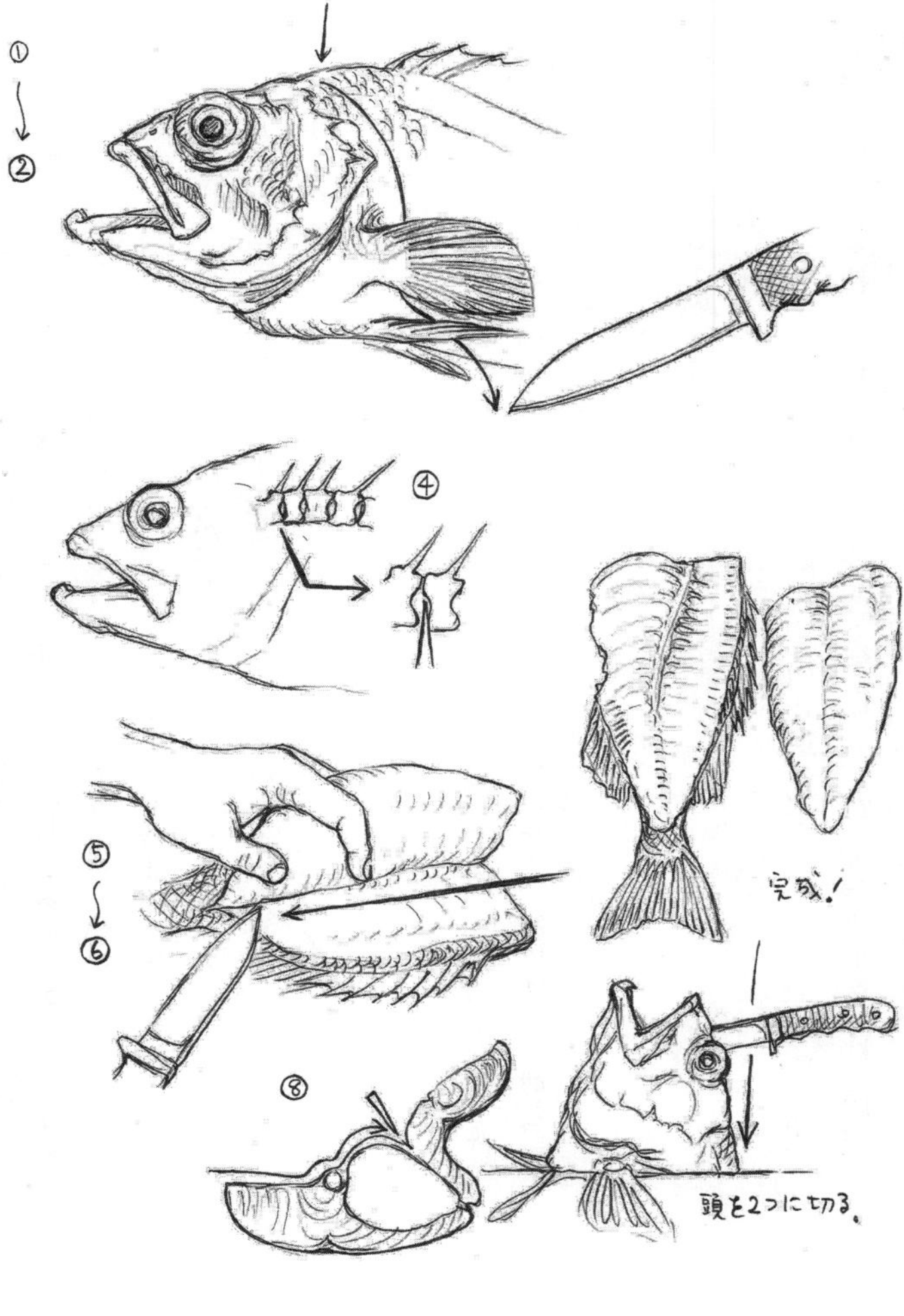
①
②
④
⑤
⑥
完成!
⑧
頭を2つに切る。

類を解体するための、刃物である。骨も太く筋も強く、脂分の多い肉を切り分けることを考慮してできている。筋や骨に対して刃の当たりを柔らかくなるように、両刃になっている。このことを考えて使えば、ナイフに対する不満は生じることがない。

ナイフで魚をさばくとき、刃渡りが一五㎝以上の大きなハンティングナイフを使えば、出刃包丁と同じ要領でおろすことができる。小さいナイフでも使い方にちょっと工夫をすれば、うまく処理できる。

①魚の頭を左に腹を手前に置く。

②頭のつけ根から刃を入れ、胸びれの後ろを通って腹までナイフで切り進む。背骨は切らない。骨の硬いところに刃が当たったら無理をせず、避けて切り進む。

③魚を裏返しにして、同じようにする。

④頭の切り口を指で開き、脊椎の関節のつなぎ目の白い部分を探し、そこに刃先を入れ、頭を切り落とす。

⑤魚の頭を右、背を手前に置き直す。

⑥頭のつけ根からナイフを入れ、尾まで浅く切り進む。

⑦頭の切り口を持ち上げ、⑥と同じ要領で浅く切り、背骨まで段階を分けて切って

いく。

⑧肋骨まで切り進んだら、骨の上をなめるように、同じ要領で切り進む。肋骨を切り落とそうとすると、力が加わり肉がつぶれるので、慣れるまでは肋骨の上を切り進むほうがうまくいく。

⑨裏側も同じようにする。

小型のナイフで魚を三枚おろしにするとき、いつもこの方法でやっている。魚肉には年輪のような節があるので、肉を持ち上げて切り進むとき、そこから肉が裂けてしまうことがある。まあ、それはそれでご愛敬というもの。

ナイフに限らず道具は「習うより慣れろ」である。

こまごまと防水袋に詰めこんで・その1

調理道具をコンパクトにし、かつ機能面を追求する。あまり凝りすぎると、男にも「ままごと遊び」の血が流れているのではないか、という疑いが生じる。こういう楽しみは度合いが難しい。

焚火の周りで転がっているだけでも、食事は必要不可欠なものだ。マニュアル通りに料理を作るわけでもないが、少しばかりは手のかけたものを食いたいという気持ちがある。覚悟を決め簡単な食事でも作ろうと思うと、道具の使い勝手がかなりウエイトを占めることになる。

とどのつまりは、登山用調理用具などを物色することになり、どうも気の利いたものがない、という現実に必ずや直面するのである。モスグリーンの防水袋に入った調理用の小物は、おおよそこんな経過があって集まったのだ。

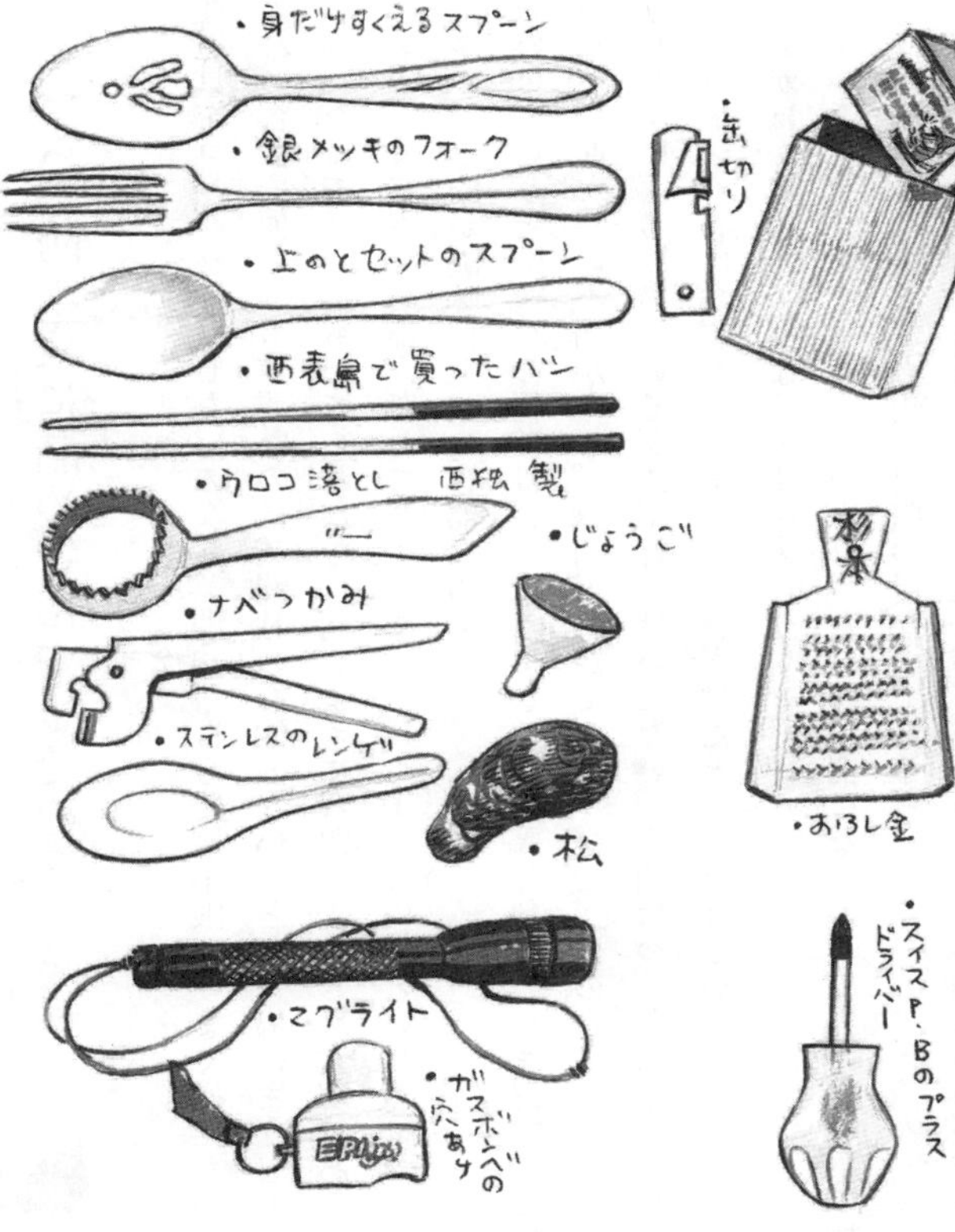
・身だけすくえるスプーン
・銀メッキのフォーク
・上のとセットのスプーン
・西表島で買ったハシ
・ウロコ落とし　西独製
・ナベつかみ
・ステンレスのレンゲ
・マグライト
・ガスボンベの穴あけ
・じょうご
・松
・缶切り
・防水マッチ
・おろし金
・スイスP.Bのプラスドライバー

こまごまと防水袋に詰めこんで・その2

調理道具をコンパクトにしたいのなら、調味料も必要最小限でうまく揃えたい。調味料入れの容器で何よりも重要なのは、漏れの心配のないことだ。塩はまだしも醤油や油が漏れたんでは、目もあてられない。同じように容器の丈夫さも大切である。漏れの心配がなくても、容器が割れてしまっては、元も子もない。というわけで、いちばんやっかいなのが調味料入れの容器なのである。

年数だけでいうと野遊びの経験は長いほうになるが、調味料入れはまだ完全に揃ってはいない。何かしら不満がある。醤油入れがそのトップで、今のところステンレスのスキットルに落ち着いているが決定打とはいえない。醤油はついだあとのタレがスキットルのネジの溝にたまってしまう。それだけだと別にどうということはないのだが、匂いがほかに移ってしまうので始末に悪い。

スクリューキャップではなく、何かぴったりの容器はないか。旅先の金物屋、雑貨屋はいうに及ばず、日常でも鵜の目鷹の目なのである。

フィルムの空き容器に調味料を入れるのも手だが、いかんせん小さいのが難点だ。

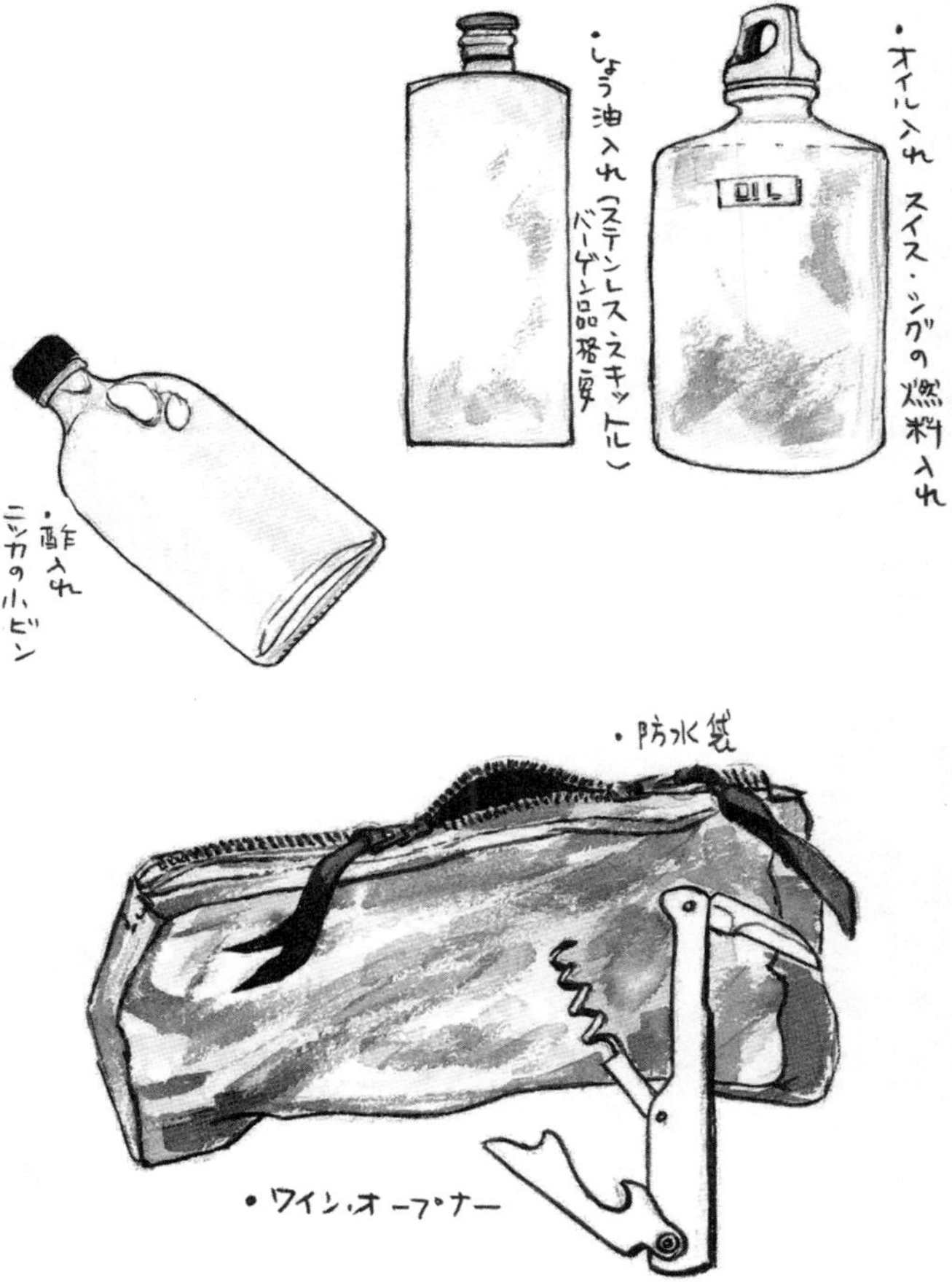

・オイル入れ　スイス・シグの燃料入れ
・しょう油入れ（ステンレス・スキットル）
バーゲン品格安
・酢入れ
ニッカの小ビン
・防水袋
・ワイン・オープナー

意外性の発見、野遊びの小物たち

調味料入れなどの発見には、だれもが相当の苦労をしていると思うが、僕の野遊び道具の小物も、いまだこれといったものは数が少なく、暇をみては古道具屋や厨房用具専門店などを徘徊している。

先日、台所用品専門店市とかいう貼り紙をデパートで見つけて、のぞいてみた。案の定というべきか、ろくでもない安物のオンパレードだったが、そのとき、つい手を出してしまったのが、金物市でよく見かける、泡立て器型をしたウイスキーの水割り用かき回し棒だった。

これは意外に重宝している。ニンニク風味のサラダドレッシングを作るときに箸ではできない細やかな攪拌《かくはん》が可能で、味も変わってくるから不思議だ。泡立て器のミニチュアとしてもかわいく、携帯性が優先される僕の野遊びのご用達。今も柳行《やなぎごう》李《り》に収まっている。

また、古道具屋で手に入れた茶こしも柳行李の仲間。急須にセットしたり、ティーカップに乗せて使う半球状の金網製の茶こしではなく、上下に半球状の網を合わせ、合わせ口をロックしたら付属の細いチェーンでお湯にさらし、お茶を淹《い》れるもの。といっても、手に入れた茶こしはステンレス製の薄板を半球状にプレスし、板面に小さな穴を空けたタイプ。細かな茶葉だと穴から茶葉が滲出《しんしゅつ》してしまうが、通常の茶葉なら問題はない。どちらかといえば、茶葉よりも鰹節《かつおぶし》や煮干しを入れてだしを取ったり、ゆで卵をひとつ作るときなどに便利。ときにはハーブやスパイスを詰めこめば煮物料理の風味づけとなるブーケガルニのブーケにも変身してくれる。

島根県の隠岐《おき》諸島を訪れたときは野遊びグッズ探しに、金物や園芸用具を扱う、はやりの量販店に入った。そこで見つけたのが、アルミの無垢でできた肉たたき棒。これも捨てがたい小物になっている。頭の両側にギザギザの格子状の溝が掘ってあり、肉をとらえ柔らかくしやすいようになっている。この肉たたき棒を買ったのは、野外で焼豚を作ることが多いからで、それ専用の小物として使おうとした。

ところが、隠岐諸島行のあと、岩手県の陸前高田で野宿をしたときに、思わぬ用に役立った。なんとテントのペグ※打ちに変身したのだ。軽くてバランスがよく、ハンマーの代わりを肉たたき棒にお願いした次第。作った人は怒るだろうネ。しかし、僕の野遊びのかわいい相棒の仲間入りをしている。

能登半島の海岸で見つけた船の欄干のフタとおぼしき代物は、底がまるで立たない

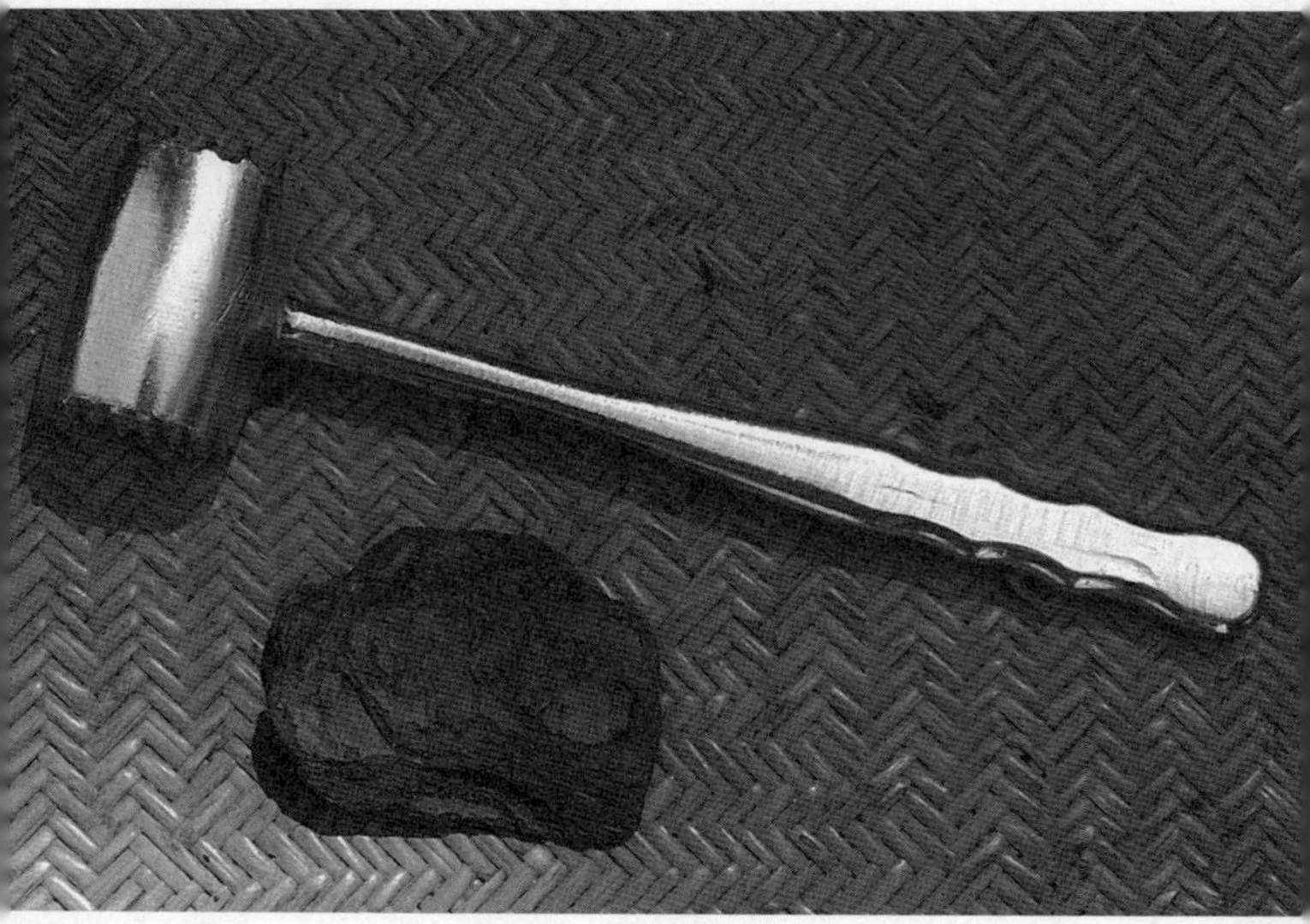

球状になっているから、固まったオリーブオイルなどをじんわり溶かすコッフェル用の湯せんに早変わりした。

タワシは小型の亀の子ダワシを愛用しているが、これだと底にこびりついたこげなどは取れにくい。コッフェルがバーゲン・コッフェルだから、砂利などを使うと傷つきやすく、長年培った油こげが取れてしまう。そこで絶妙な効力を発揮したのが、隠岐諸島で拾った松の皮。表面が松の幹の柔らかさで引っ掛かりがよく、かつコシがあるのでタワシにピッタリ。波で擦れ、何年かかったか知らないが、長い間にコッフェルにぴったりの理想的な形になったのだ。

この松の皮のタワシを発見したMは「マツ」と命名した。それにしても海辺の野遊びは妙な拾いものが多くて、楽しい。

※肉たたき棒のその後。ハンマー代わりに使って三度目、肉たたき棒の頭は付け根から折れ、吹っ飛んでしまった。アルミ製のそれは鋼製のペグをたたくものではなく、軟らかい肉をたたくものだと思い知らされた事件だった。その後、気に入っていた丸い形の肉たたき棒にはお目にかかれていない。

目的で使い分けるヒモと網

小物のなかでもヒモ類は、タープを張ったり濡れたものを乾かす洗濯ロープとして使ったりと、用途はかなり広い。野宿の旅先で野宿場が決まると立ち木二本を選び、それを支柱に物干しロープを張る。これがいつものことだから、必ずといっていいほどザックのなかにヒモを忍ばせている。濡れやすいウエアやシュラーフはいつも乾かしておきたいためだ。

このときに使うヒモは、登山用具店で切り売りしてくれるナイロン製の太さ二㎜程度の細引き。色はカラフルだが、綿製のものと違って濡れにくく、また乾きやすく、縛ったりほどいたりが、簡単なので重宝している。一回に一〇m分二本を専用のバッグに入れているが、このほかに倍の太さの細引きもやはり一〇mを二本用意している。こちらは、タープ代わりのシートを雨除けに張るときなどに使ったり、ときどき遊ぶカヌーをもやったりするぐらいに使うもので、細いものより太いほうが張りが強くて頑丈に張れる。

以前、沢遊びをしていて、五mほどの高巻きを余儀なくされたことがあった。高巻き後また沢身に降りることになって、一大事。高さはそれほどないが、手をかけるポイントがまったくないのだ。仕方なくこの細引きを二重にしてハンノキの根元にかけて降りたのだが、全員無事。細引きに助けられた。それほど頑丈なのだが、これはあまりすすめられた使用法ではない。

ロープワークという言葉があるが、何もハウツー書に紹介されているような技術をすべてマスターしておかないと野に出て生活に苦労する、というわけではない。野遊びで総じていえることは、知っていればさらによし、ということであり、時と場合によってロープ、つまりヒモを使った野遊び生活の工夫ができればよいのだ。この結び方を知っていると役立つだろうというものを数種類、頭にたたきこんでおくといいだろう。

一方、綿製のヒモも持っていると便利だ。肉や魚を縛ってそのまま焼いたり煮たりしても、ナイロン製と違って熱でヒモが溶けて匂いが移ることもないし、ほどけば細い糸にもなる。

先日、北海道の漁網屋で、漁に使うロープを買った。これは、細引きと同じナイロン製だが、使っていると表面のテカリが抜けてそれなりに味わい深い色になる。漁に使うだけに丈夫で長持ちし、結構気に入っている。細引きがメーター七、八〇円はす

るのに、このロープはメーター売りはなく重さ売り。一〇〇mはあろうかというひと塊のロープは一kgほどの重さで、三〇〇〇円もしない安さだった。漁網屋のチェックも野遊び人には大切なことなのだ。

小物であると絶対に便利なのが、網の袋。野菜や酒類を清流で冷やしておくのに便利だし、網のなかにソバやウドンを入れて清流で冷やしたあと、網にヒモをつけて振り回せば遠心分離作用でしっかり水分が切れる。

僕がこの網袋を初めて手に入れたのは福島の田舎町でのことだった。店の人に何に使うのかと聞けば、野菜や果物を冷やすのに使う、とのこと。さっそく買って野菜冷やし用に使っていたが、底の縫い目から破れてしまった。

今度は岐阜の田舎町で見つけた。こちらは、ゆでたソバを入れて清流で冷やし、水切りするのに使うという。同じようなものでも、あるときは洗濯機用の洗濯袋、福島では野菜袋、岐阜ではソバの冷やし袋だ。

現在使っている四代目は、秋田の漬物屋の若旦那がプレゼントしてくれたものを、主にソバの水切り用に使っている。

なお、八百屋などで見かけるタマネギが入っている網袋は、網も弱く縫製も粗いので、おすすめできない。

突然のひらめきでシェラザルの誕生

食器をコンパクトにする、というのも頭の痛い課題だった。どうにか体裁が整ったのは、つい最近（といっても一〇年ほど前になるが）である。シグのコッフェルのなかに、小さなカップから順に重ねて収納し、フタと皿をやはり重ねてゴムのフックで止めて、使っている。

酒用のカップ、汁やコーヒーを飲むシェラカップ、ジュラルミン製の椀というのが、その詳しい顔ぶれである。

小さな竹製のザルも使っていたが、強度に問題があり、使っているとどうしても外枠が外れてしまう。しかし小さなザルは、便利な代物である。あるとないとでは、かなり違いがある。

別に小さくなくてはならぬ、ということはないのだけれど、大きな金網のザルというのは、どうしても生活臭が強くて、やはり敬遠してしまう。

それにつけても、何かいい方法はないものか。こういう問題が頭に住みついてしまうとやっかいである。シグのコッフェルにすっぽり収まっている、それまでの収納形

Photograph by Kenji Motoyama

態は壊したくない。常人から見たら、愚にもつかないことを必死に考えていることなど、信じられないに違いない。しかし、これはあくまでも頭骸骨《ずがいこつ》のなかだけの現象だから、外見ではわからない。

ある野宿の旅で、野蛮な食事も終わり、シェラカップを洗い、片づけているときのことだった。通常は二～四個のシェラカップを使っている。長年使って鈍く輝き貫禄も充分のカップが、水滴をつけて重なっている。そのとき、おおっ、と僕は思った。このシェラカップと同じプロポーションのザルがあれば、これは便利に違いない。収納も今のままで、何ら差しつかえがないぞ。

さっそく、以前住んでいた家の近くのステンレスの金網屋に電話して、見本にシェラカップを一個持参した。それから一週間後、見事に細工されたステンレスの金網シェラカップを手にすることができた。あと何個か頼めますか、と聞いたが断わられた。そのときはそれほどと思わなかったのだが、使っていてビクともしない堅牢さや、針金の閉め具合など細部をつくづく見るに及んで、これは腕がなければできないし、難しい仕事だなと心底感心した。

とにかくこのシェラザルは便利で、こす、すくう、のほかに工夫さえすれば、使い方は無限にも展開するのである。

焚火前の新兵器

長方形のクッション材を半分からふたつ折りして、座れるように工夫する。後ろに倒れないように、尻乗せの部分と背もたれの部分をベルトで固定する。これで座椅子ができる。こんな簡単な原理でできているのが「ザ・イス」だ。座椅子にはたくさんの種類があるが、我が国にはこのタイプの座椅子はない。

「ザ・イス」はアメリカ製で、焚火の前に座るのにもってこいである。焚火を囲んで椅子に腰掛けるのは、炎から離れるし、少し尊大な感じがするので、座るか寝転ぶのが好みだ。あぐらをかいたのでは疲れるし、丸太や石でいろいろ座り心地を工夫したが、「ザ・イス」の登場ですべての問題が解決した。しかし「ザ・イス」も長く座っていると、腰痛持ちの僕には腰に負担がかかってしまう。

そんな折、隠岐諸島の海岸で奇妙な形の流木を拾った。たぶん船材なのだろう、どことなく大腿骨のような格好をしている。両端に穴があいているが、半分に欠けている。要するに六〇cmほどの、平べったい棒なのだが、片側が弓形にえぐれている。

それを見ていいことを思いついた。「ザ・イス」の斜めのベルトにその棒を横に渡

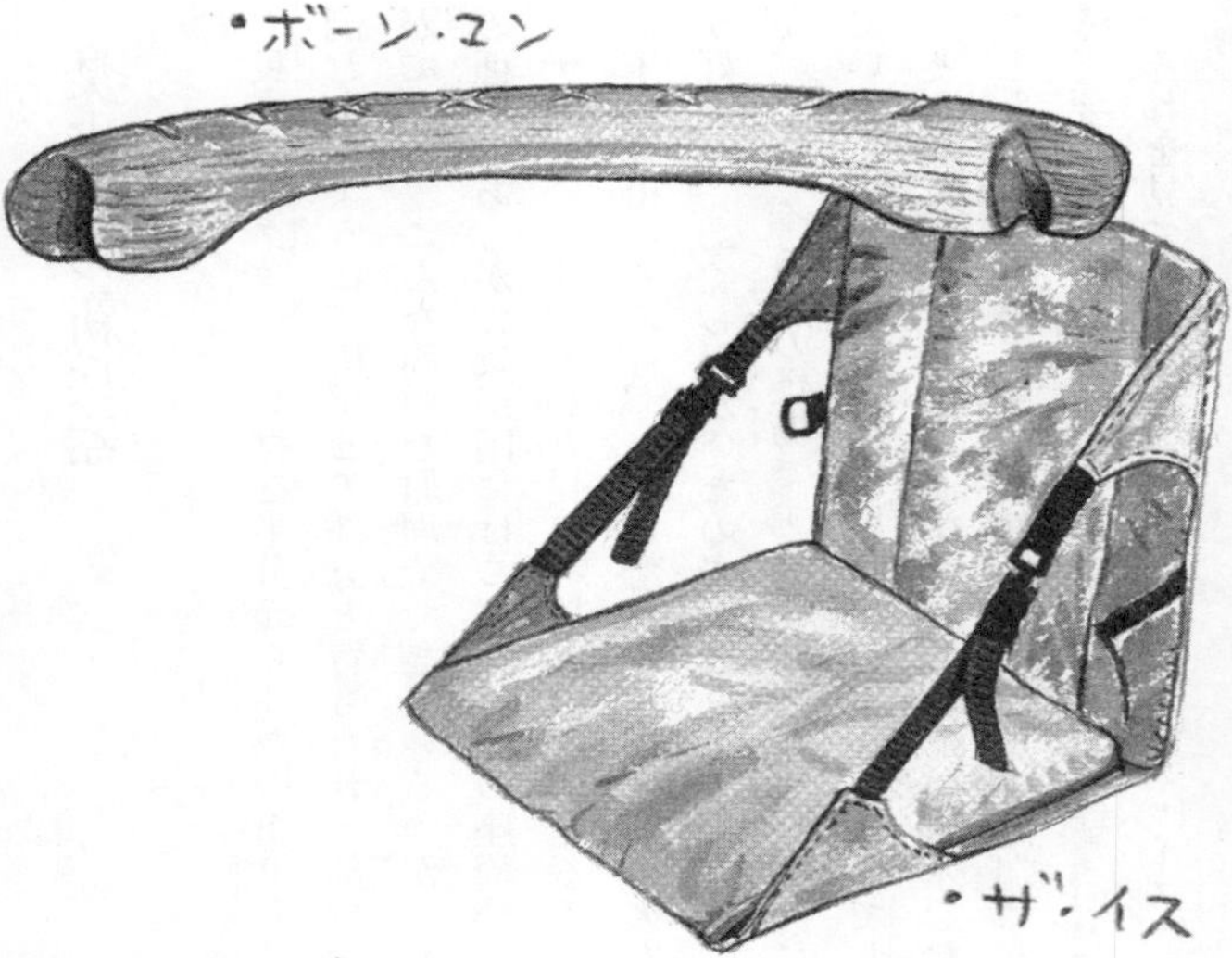
・ボーン・マン
・ザ・イス

ここにあてて坐る

し、座ってから弓形にえぐれた部分に寄りかかってみると、背中の下あたりがとてもいい具合で、これが腰痛防止にぴったりだった。

家に持ち帰ってからこの棒を、細目のサンドペーパーで磨くと、ツルツルになってとても美しくなった。これはいいというのでジョージ・C・チェスブロの小説のタイトルからいただいた「ボーン・マン（骨男）」という名をつけた。以後野遊びには、絶対欠かせないメンバーになってしまっている。

〝あたり鉢〟という名のおろし金

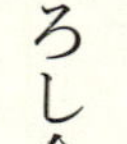

　調理法のひとつに「おろす」というのがある。ニンニク、ショウガ、ワサビなどを薬味や調味料として使うために細かくすりおろすことで、料理をおいしく食べるには欠かせない材料と方法だ。

　これにはおろし金というのを使う。アルマイトでできた大型のものや、ケースつきで効率のよいプラスチック製のものなどがあるが、これらはどうも台所臭というか生活臭が強すぎて、野遊びには似合わない。といっておろし金がないとひどく困る。

　以前、山でどうしても大根おろしを作りたくなって、サンマの蒲焼の空き缶を拾い、アイゼンで何度も踏んで即席のおろし金を作ったことがあったが、錆《さ》びた缶だったので、もみじおろしのようになってしまった。やはり、専用のものを持っていたほうがいい。

　最近発見して大喜びしているのが、このおろし金だ。品名は「あたり鉢」というのだが、手のひらに収まる盃形の器で、内部がおろし金になっている。これなら受け皿も必要ないし、固定も楽、直接醤油をたらして刺身を食べることもできる。大根などの大物をおろすのはちょっと面倒だが、なかなか便利だ。ステンレス製なので錆びないし、デザインもよくコンパクトなので、さっそく野遊びグッズの仲間入りをさせることにした。

普通、僕の野遊び用道具籠に収まるには厳しい審査や試用期間があるのだが、これは一発で採用された珍しい例だ。これまで使っていた、プロが使う銅製の小型おろし金にはしばらく休んでもらっている。

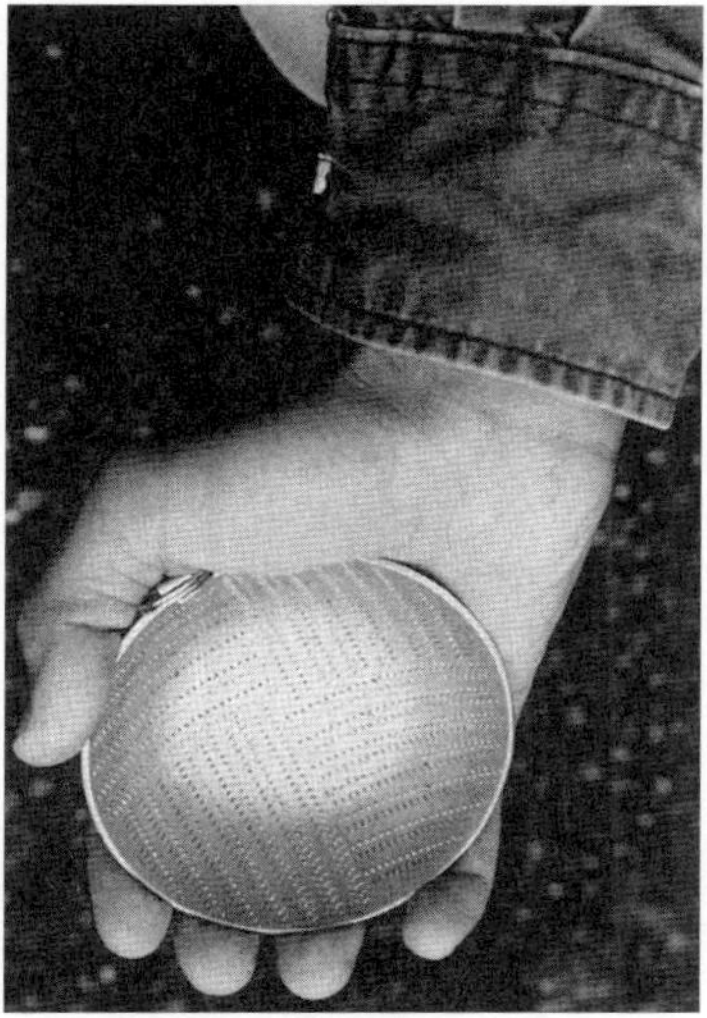

Photograph by Mitsuru Hosoda

ケガの功名、まな板兼画板

前章で紹介したザックというか箱、そのフタが壊れてしまった。頑丈をいいことに、多少粗雑に扱いすぎたのかもしれない。真ん中からふたつに割れ、角も少し欠けてしまった。

そこで一計を講じた。といっても化粧ベニヤをフタと同じ大きさに切り、上から当てがっただけだ。フタをかぶせるときちょっと手間取るが、上からこのベニヤの板を当てがい、ベルトで締めて使った。

ベニヤ板は二三×三八cmの長方形だ。使っているうちに、いつの間にか片側がまな板でもう一方が画板になってしまった。あぐらをかいた両膝の間にうまく収まり、野菜を刻んだり、魚をおろしたり、まことに具合がいい。

同じようにあぐらをかき、裏側にスケッチ帳を乗せ風景を写生する。ダンボール箱に乗せると、即席の机になるという具合でこれまた結構。

ただ手入れを怠ると、そこはかとなく染みこんだ魚の匂いが立ち昇ってくる。新鮮なうちはまだいいが、古くなるとどうもいけない。

骨董品あさりの成果

こまめにガラクタをあさっていると、時には驚くような成果がある。ドイツ製の鱗《うろこ》落としもそうで、最初見たときには何に使うのか、すぐにはわからなかった。それまでの鱗落としといったら、歯ブラシの大親分のような格好で、健康サンダルのようなイボイボつきだ。それに比べると円形の鱗落としは、アルミ製で軽くちょっとスマートすぎるくらいだ。性能を心配したが、実際使ってみると抜群の威力を発揮した。これで鱗を落とした魚は数知れない。マダイ、キツネメバル、アイナメ、スズキ……。

Photograph by Mitsuru Hosoda

金物屋を巡ってグッズ探し

野遊びのフィールドは、その地方でいちばん魅力的と思われる場所を地図で求めて入る。したがって、その途中で通る町が食料調達などのベース基地となる。しかし最近は、地方の町でも都市近郊の市街地と大差ない傾向にあり、大型スーパーなどが幅を利かせていて、昔ながらの商店は少なくなった。

食料を仕入れることを考えれば、大型スーパーは一度に用を足せるからよいが、味わい深いその地方独特の生活用具となると、そうはいかない。やはり、昔ながらの商店の軒先をくぐらないことには思っていたものを探すことは難しいのだ。そんなわけで、必ずといっていいほど探すのが、まずは「金物屋」である。

北海道のとある町の金物屋に寄った。まず目に入ったのが、携帯用にプラスチックケースもついた短刀。しかし、いまだかつて目にしたことがない短刀で、何に使うのか店のおやじに聞いてみた。

「マキリといって、サケやホタテ貝をさばくときに使うもんだ」

なるほど、切れ味といい、握り具合といい、砥《と》ぎやすさといい、北海道のように海でも川でもサケがいっぱい獲れ、日がな一日サケをさばくことが仕事になっているような場所では、重宝するに違いない。

「値段は？」

と聞けば、おやじはすぐに答えず、ニコニコしながら「どっから来たね」という。

「東京」と答えると、

「一二〇〇円」

「買った」

ひと声でそのマキリをシッカと手にした僕は、何かめっけものをしたように充足感に満たされた。ほっておくと錆《さび》がすぐ入るが、砥ぎが楽な分、メンテナンスを怠らなければ長持ちする。

そんなわけで、地方の金物屋巡りは野遊びの旅の楽しみのひとつ。店に入ると、目を皿のようにして野遊びグッズ探しに明け暮れるのが、いつもの仕事のようになってしまった。

群馬県の温泉地、水上の金物屋では砥石を買った。僕はナイフをあまり使わないので、携帯用のオイルストーンというものを持っていない。だからいつも自宅に帰ってから砥石で砥ぐのだが、砥ぎは昔ブロイラーに勤めていたころに経験しているので、

苦ではない。

しかし、砥ぎをサボって野遊び場で出したマキリが錆びついていたときは閉口した。それで買ったのが、水上の近くで切り出したという砥石。仕上げ用の、それも携帯用のものがあり、すぐに手を出した。その店のおやじにいわせれば、野良仕事でカマを砥ぐときに使う砥石だという。これも以来、愛用している。

青森県の三沢に近い町の金物屋は、タイムスリップしたような店だった。何しろ、建物自体が登録文化財のように古びている。明治・大正時代に使っていたような刃物各種、今では御法度のような猟に使うワナからヒノキのタライ、麻のヒモ、ブリキのオモチャまである。目を疑ったが、奥には囲炉裏まであった。こういう金物屋に出会うことはそうはないだろう。

金物屋では、その地方独特の仕事や生活習慣のなかで生まれた道具が、店先を占領していることがある。時には、何に使うかさえも、店のおやじが忘れてしまったようなものもある。

「昔から置いてあった」というおやじの話を聞くだけでも楽しいのに、それが野遊びに使えそうなものであれば、オリジナルグッズを手に入れたも同然。地方に出かけたら、必ず金物屋をのぞいてみたい。

まだまだ続くグッズ探し

　金物屋と同様に、地方の町で必ずのぞいてみたいのが、台所用品を売っている雑貨屋や古道具屋だ。今ではほとんどが大量生産され、プラスチック製品が蔓延している雑貨でも、先に書いたソバ冷やし用の網袋のようにめっけものをすることがある。

　店先をのぞく。普請したばかりの店先はいけない。できれば二階建ての古めかしい作りの店で、古いガラス戸越しに木製の洗濯板でも見えればばいい。何に使うのかまったく見当もつかない金属製品でも見えれば、なおいい。すると、たった今、洗い物でもしていたのか、濡れた前掛けをしたおかあさんが出てくる。

「何か？」

「すんません。ちょっと見せてもらっていいですか」

「どうぞ、どうぞ」

　優しいおかあさん、ニコニコしながら招き入れてくれる。

「これは何に使うんですか」

　と、変わったスタイルのしゃもじを手にする。

「このへんじゃあ、それは味噌をよそうときに使うもんだね」

なるほど、片側が直線になっていて、味噌樽の底の隅までむだなくミソをすくうことができる。

「それじゃ、これは？」

同じような形をしているが、そのしゃもじは片側が普通のカーブでも、もう片側は今度は直線ではなく、ゆるいカーブと、左右非対称になっている。

「それは小豆を煮るときに使うの」

しゃもじのカーブが小豆煮用の鍋の底のカーブに合わせてあるのだ。このカーブなら、シグのコッフェル用のしゃもじにできるな、と思いつき、一丁買うことにしたのだった。

こうして雑貨屋をのぞくと、けっこう発見は多い。アルミ製の鍋のようだが、何に使うのかと思えば、消えた炭を入れておくのだとか（これは大人数のコッフェルとして充分使える）、こぢんまりとした形のおろし金だとか、イチョウの木の端切れ（当然マナ板にした）だとか、今まで見つけたものも数限りない。

さて、グッズ探しで忘れてはならないのが、古道具屋。最近は古道具屋も、刀剣類専門、陶器専門、いわゆるアンティーク専門などと、主人がその方面で専門に収集しているものが看板となる店が多くなった。おかげで店の看板やなかをチラッとのぞけば、その店が主に扱っている商品の予想がおおよそつくので、刀剣や陶器など、あまり興味のない古道具の無駄な見学をしないでもすむから楽だ。

いわゆるアンティーク、欧米の古道具屋は結構捨てがたい。特にアメリカの中古キッチン用品などを専門に扱っている店なら、一見の価値あり。以前、Mに連れていってもらった店は、やはりアメリカの家庭用品などを扱った店で、アメリカ映画に出てきそうな大がかりな冷蔵庫やレンジなどに混じって、スプーン、フォーク、カップなどが隅に雑然と置いてあった。

僕が選んだのは、銀製のスプーン二本とフォークに、木製の把手《とって》がついた大型のおたまじゃくしセット。底が深い大きめのスプーンは野遊び用の重要なおたま代わりになっている。

ケチって損した救助用信号ミラー

沖縄の米軍放出屋は、その規模といい品数の多さといい、たまらないものがある。財布のヒモなどゆるみっぱなしといったところで、深みにはまらないようにするので精いっぱいだ。とはいっても欲しいものは欲しい。安いものは一五〇円の缶切りから、上を見たらきりがない。

引っ掛かってしまったのが救助用の信号ミラーだ。七・五×五㎝の小さな手鏡で、厚さは七㎜。これが二八〇〇円というからけっこうな値段だ。すでに水筒やカヤ、その他もろもろを買いこんでいたので、すんなりと諦めた。

後日アウトドア用の品で、同じような使用目的で安い信号ミラーがあったので買った。しかしこれがステンレスの板製で、映りも鈍いし大きさも中途半端。どうも完成度が低い。そうなるとあの救助用ミラーが、頭にチラついてどうしようもない。そんなとき、確か東京にも支店があると聞いていたことを思い出した。さっそく沖縄へ電話で問合せ、東京店を教えてもらって出かけた。

こうして手に入れた手鏡は、なるほどの性能を誇っていた。鏡の真ん中に直径一・

五cmの穴があいている。ここから反射光を当てる対象物をのぞきながら、鏡の角度を調節するのだ。太陽との反射角が合うと、穴のなかに白い丸い輪のマークが現われる。このマークと対象物が重なれば、反射光が対象物に確実に当たっていることになるわけだ。これはすごい。もちろん、鏡だから髭剃りにも使える。

これだと思ったものを発見したら、迷わず手に入れたほうが後悔がない。わかってはいるものの、実際はやはり難しい。

グッズ探しの目を養う

野遊びの大きな楽しみのひとつに、焚火を囲み、ぜいたくではないが旨いものを食い、いい酒を酌み交わすというのがある。というよりも、これがメインイベントであるといってもいい。何しろゆったりと怠けるために出かけていくのだから当然といえば当然だ。

うまい素材を手に入れるには、いきおい海辺に出没する、ということになる。漁港として活気のある町には、必ずといっていいが市場がある。そしてそこには海のものはもちろん山のものもあり、たいていが新鮮で安いときている。だから結局は経済的なのだ。

同時に、こういう町には漁具を扱っている店がある。例えばそれは古い釣具屋だったり、プロの漁師対象の船具屋だったり、あるいは漁協の購買部だったりとさまざまだが、こういうショップでは野遊びに役立つ用具を発見できることが多いのだ。

海に漁に出かけるということは、本気で、時には命がけで野外活動をするということだから、それに使う道具は漁師の長い経験に裏打ちされた、機能的で使いやすく丈夫一点張りのものばかりのはずで、ディスカウントショップの、季節になると並べられるできの悪いアウトドア用品なんかとは比べものにならない。ロープ、使いやすそうな刃物、真鍮やステンレスでできた便利な金具類など、思わず夢中になってしまうようなものが雑然と置いてある。

いずれにしてもこれらのグッズを、僕らは本来の使用目的から外れた部分で使うことになるのだから、購入するにあたっては、どのように自分の野遊びに応用するか、ということがある程度見えるようでなくてはならない。このことがまた、単にアウトドアショップでアウトドア用品を買うのとは違った楽しみを味わえるということにもなるのだ。

というわけで、野遊びの経験を重ねれば重ねるほど、グッズ探しの目もまた養われるということだ。

みかん

南部の籠にグッズ探しの原点を見る

青森の陸奥《むつ》湊《みなと》の市場へ行ったときのことだ。姉さんかぶりの女衆が、大きさといい形といい、なかなかの籠を背負って歩いているのを見かけた。ついつい見とれてしまったが、市場の売り台の脇にも、使いこんで年季の入った籠や、ブリキ塗装したガンガンなどがさりげなく置いてあったりする。特に籠というのが、籠好きには面妖な魅力を放ち、深みが大口を開けて待っている。

全国各地にはいろいろの籠があり、それを見逃す手はない。こればかりはどうにもしようがない。むろん、観光地などでも竹籠類は売っているが、値段が高いので、そんなものには引っ掛かりはしない。弱いのは先にも書いたが、市場などでしかも日常使っているのを目の当たりにすることだ。またぞろ妙な虫が騒ぎ出すのである。

そこで市場のオバサンに、かの籠はどこで売っているのか、尋ねてみた。するとオバサンは懇切ていねいに、道順を教えてくれたのだった。

ところが問題がひとつばかりあった。オバさんは筋金入りの南部弁でしゃべってくれたので、ちんぷんかんぷんでほとんどわからない。それでも言葉のはしはしに右とか左とか少しはわかる単語があった。それで、確かに「右」と聞こえた単語を頼りに、見当をつけて最初の辻を右に曲がった。こうしてしばらく籠屋を探したが、それらしき店がない。そこへ、またまた籠を背負った南部美人（っていうのかな？）が通りがかった。これ幸いに「その籠の売っている店はどこですか？」と聞いた。彼女は一〇mほど先の店を指差して「そこだ」といった。あとで知ったのだが、オバサンが教えてくれた籠屋も同じ店だったが、西陽が当たるというので、白いカーテンを下ろしていて入口のガラス戸にある屋号が見えなかったのだ。

ここで買った籠は背中の当たる部分が窪んでいてとても背負いやすい。ちょっと改造して背負いヒモをベルトに替え、ベニヤでフタも作った。蝶番がうまくいかず、まだ完成していないが、デイパックになる日は近い。

この手の籠類も、最近は縁をビニールテープでかがっているものが多くなってきた。確かにビニールテープは丈夫かもしれない。しかしものは使っていくうちに古くなる、という原則を曲げることなどできないのだ。天然素材が時間を経て変化することに美を感じないようでは庶民の文化も先細りだ。乗用車の座席のビニールカバーを取らない奴というのも、そのことをわからない連中が増えてきている、という証拠のひとつではないだろうか。

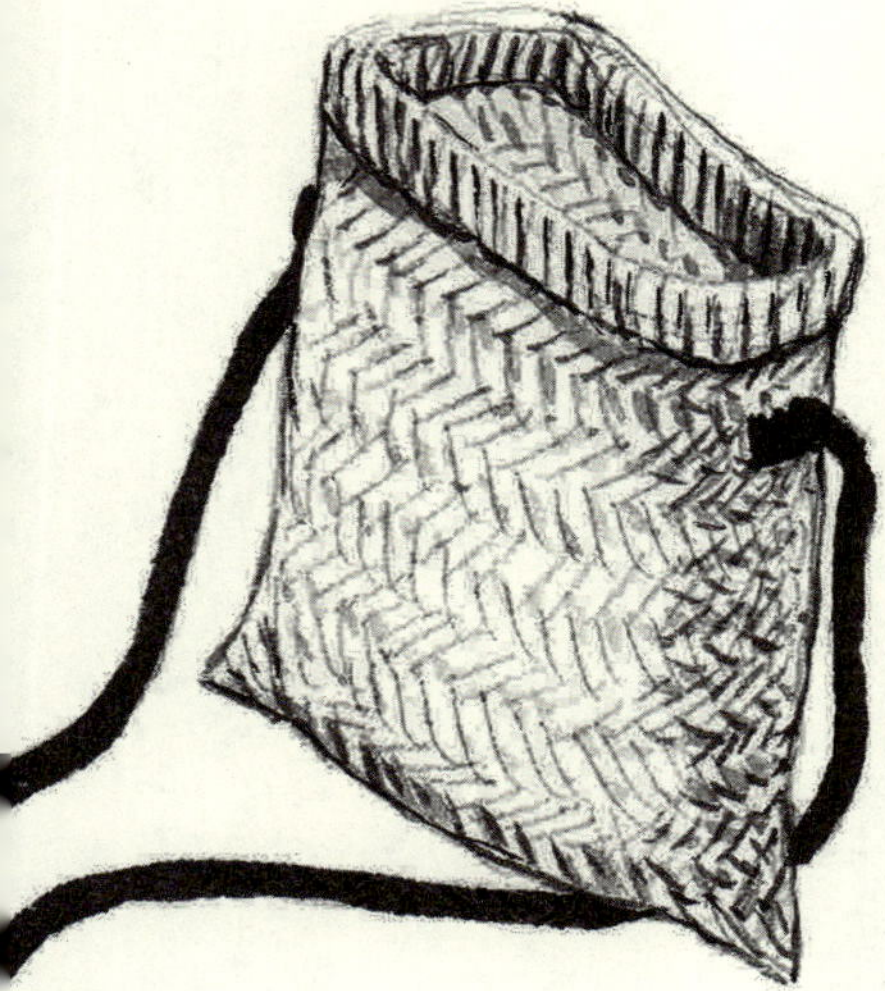

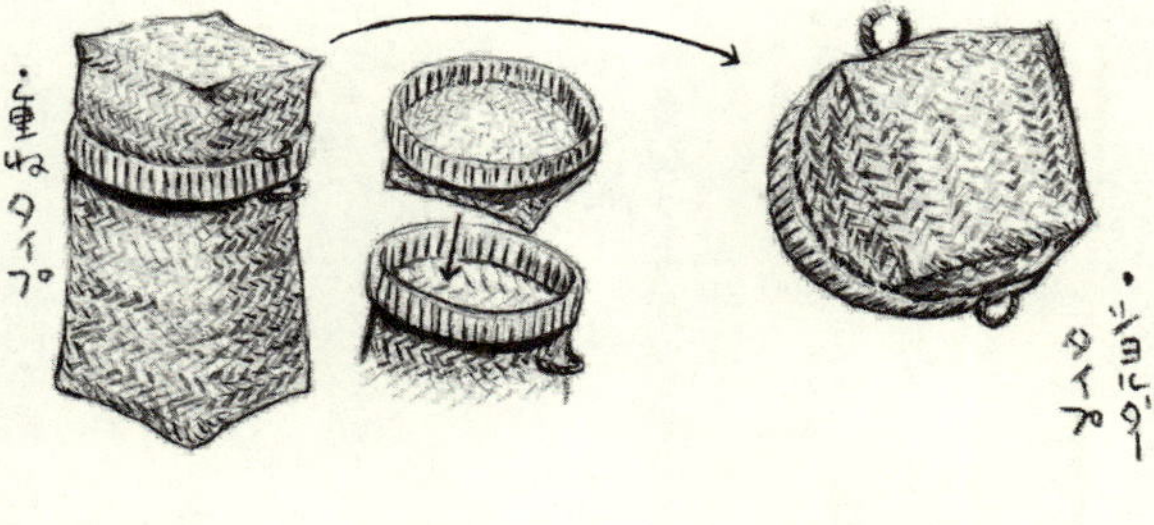
・重ねタイプ
・ショルダータイプ

・改良したカゴ

旅先で機転を効かす

野遊びの道具を探す楽しさは、本来の使用目的とはひと味違う使い方を見つけたときだ。それに近い使い方でも一向にかまいはしない。選んだ道具に遊び心が反映しているか否かには、ついこだわってしまう。

鳥取の境港《さかいみなと》をぶらついていたら、店のガラス戸越しにムシロが積んであるのが見えた。ほほう、と思って戸を開けた。奥から品のよいお婆さんが出てきた。値段はうろ覚えだが三八〇円ぐらいだった。これはちょっと高い。うーん、と考えこむと、お婆さんは何に使うのかと聞く。ムシロを見たとき直感的にアースマットにしようと思ったので、敷いて寝るのですというと、コモならもっと安いと教えてくれた。一八〇円だった。即買った。

コモのアースマットは断熱効果抜群だった。おまけに、魚屋で仕入れたサヨリを開きにして、コモに乗せて風干しにもした。水分をうまく吸い取り、サヨリはとてもうまく仕上がった。

旅先では金物屋、大型大工道具店、古道具屋、漁具屋など面白そうな小物のある店

を、必ずのぞくようにしている。そんな店でホコリをかぶった珍品を探し出したときは大喜びだ。

札幌の金物屋では柄材のオオカメノキを買って杖にした。

ノルウェーで六〇㎝四方のスノコを三枚手に入れ、重ねてテーブル、縦に並べてベッドにした。多少の斜面でも、下に石をかませるだけでたちまち水平のベッドができた。

石川の金物屋で古い「肥後《ひご》の守《かみ》」を昔の値段で買った。ノコと鎌のついた三徳で、特に鎌はアースマット用のススキなどの草を刈るのに抜群の威力を発揮。そんなこんなでグッズ探しは楽しい。

〝寝る〟ことを考える

野遊びの寝具はシュラーフだ。これほど小さくたためてしかも暖かい寝具はほかにはない。なかでもダウン（水鳥の細かい羽毛のこと）のシュラーフは最上だ。値段が高価なこと、濡らしてしまうと面倒なことなど、欠点がないわけではないが。

化学繊維の綿を詰めたシュラーフもある。ダウンに比べると価格は安いが、どうしてもコンパクト性に欠ける。ただし濡れても乾きが早いから、その点は重宝だ。だから保温をあまり考えなくていい夏場に薄手のものを利用したり、濡れる機会の多い沢歩き、カヌー旅などには便利だ。

シュラーフの生地そのものは通気性を考えてほとんどのものが防水処理されていない。だから雨などに降られると濡れてしまう。

そこで登場するのがシュラーフカバーという便利な製品だ。シュラーフの上に重ねて使い、防水と保温をさらに高める仕事をしてくれる。素材としては蒸気透湿性防水地と呼ばれるゴアテックスのものが最高で、雨などは通さないが、就寝中の発汗による水蒸気は外に排出してくれるので、内部はいつも快適な環境なのだ。雪中の野宿な

どには特に威力を発揮してくれる。また湿った靴下や手袋を入れて寝ると、朝までには大方乾いている。

価格は安い化繊のシュラーフより高いこともあるが、ひとつあると快適さは倍増する。保温力もあるから、いつもより薄めのシュラーフでも充分暖かい。現在のところシュラーフと同じような形のものしか市販されていないが、封筒型で、ファスナーを開ければ一枚の布になるようなものがあるともっと便利だと思う。

　現場で敷布団代わりの草などが手に入らないときにあると便利なのがマット。地面の凸凹を和らげてくれるし、何よりも断熱材として役立ってくれる。なかでも発泡ウレタンとエアマットの長所を組み合わせたカスケートデザインのサーマレスト・マットは優れている。

メガミットという名のシェルター

普通、キャンプといえばテント、と連想ゲームのように思い浮かぶが、テントが果たして本当の快適空間を作り出してくれるものだろうか。高所での極寒や吹雪など、生命に危機を感じるほどの極限状態ならともかく、いくら気心の知れた仲間とはいえ、狭いところに何人もの人が折り重なるようにして寝るのを、快適と考える人のほうがむしろ少ないだろう。もちろんテントが悪いといっているのではない。困難な状況では、テントほど頼りになるシェルターはない。しかし、フィールドではいつもテントのお世話になるときばかりではない。ということだ。そこで、キャンプ＝テントという固定概念を一度取り去って、野遊びに出かける場所の自然環境にあった就寝システムを考えてみるといい。野遊び人の頭には柔らかさも求められるのだ。

たとえば天気のいい夜は、そのまま大地に横になり、星を眺めサラサラと吹く風を感じながら眠りに就くのがいい。天井も壁も柱もない開放された空間で、あるがままの自然に溶けこんで休むことは、野遊びにだけ許される特権なのだ。なんといっても、これがいちばん理想的な就寝方法だ。しかし、雨や雪に降られるとかなり不快だし辛いこともある。そんなときには一枚の布、タープの助けを借りたくなる。これは便利なもので、そのままかぶってもいいし、周辺の樹木やポールを使って屋根のように使うこともできる。こうすれば雨だけでなく露や霧も防げる。ただし、タープは状況によってはうまく活用できないこともある。

テントとタープの中間的なシェルターがある。名前はメガミット。その名のとおりピラミッドと同じ四角錐の形をしていて、四隅を固定し、真ん中を一本のポールで支える。これには底がなく、調節可能なポールで張る高さも変えられる。そういう意味では、形はテントのようだが、タープのようでもある。本来は緊急用のシェルターとして雪の山などに持っていくものだが、これがなかなか使いやすい。コンパクトで、附属品はポールが一本だけなので軽い。さらに樹木などがない場所でも設営でき、タープに比べれば風や雨にもずっと強い。出入口の開口部が大きめなのでなかで小さな焚火くらいはできそうだし、もちろん濡れたまま、靴のままでなかに入れる。というわけでとても便利なものである。僕はこのメガミットを以前から持っていて、積雪期のビバークなどにも使っていたが、最近何人かの仲間も手に入れた。するとどうだろう。この仲間たちと出かけると決まって雨に祟《たた》られるようになってしまったのだ。が、それはそれで楽しいものだ。

第3章 フィールド体験

フィールド体験者の資質

僕は、東京の新宿生まれで新宿育ち、学校の主催する映画鑑賞会で、歌舞伎町のミラノ座へ行くにも徒歩二〇分という環境にずっといた。野遊びとは無縁の場所である。それでも、今と違い、少しは自然の匂いがする所がまだあった。子供の探究心というのはすごいもので、そういう場所を発見しては出かけていって、いろいろな野遊びを体験した。

学習院高等科の森で、糖蜜採集をやってカブトムシやクワガタムシを集めたり、旧相馬邸や細川邸の池で、ザリガニやタナゴ釣りにいそしんだり、あるいは廃材を集めてきて、我が家の、ネコの額ほどの庭で毎日のように焚火を楽しんだりした。ささやかながら、これが僕の初めてのフィールド体験である。しかし、なぜかこれを嫌いになったり、飽きてしまうことはなかった。

野遊びの仲間には、いろいろな生い立ちを経てきた人々がいる。本当にヒグマが出没するような場所で育った人もいるし、僕のように歌舞伎町の裏で育った者もいる。でも今は同じようにフィールドを楽しんでいる。となると、野遊びは単なる幼児体験

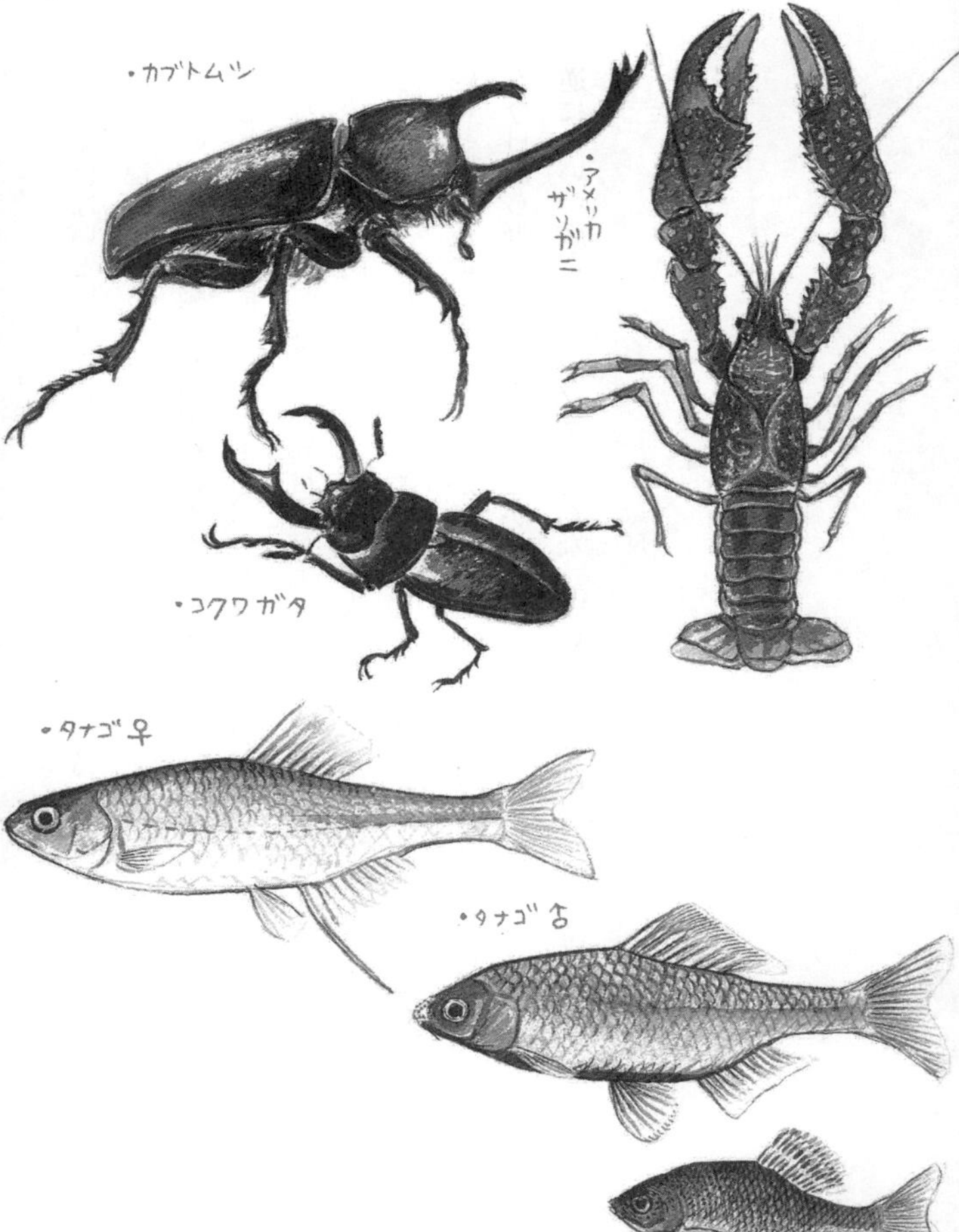
・カブトムシ
・アメリカザリガニ
・コクワガタ
・タナゴ♀
・タナゴ♂
・ゼニタナゴ♂

の規模ではないということになる。もしそうだとするなら、ザリガニとヒグマでは体験の格が違いすぎる。

子供のころの体験はその規模にかかわらず鮮烈に残っているものだ。問題はその記憶をどれだけ大切にし、膨らませ、つなげてきたか、ということになりそうだ。つまり、森羅万象すべてに驚き、疑問を持ち、科学する少年の眼を大人の男になった今も持ち続けているかどうか、ここに野遊び人の資質の基本があるといえるだろう。

だれにでも、子供のころの小さなフィールド体験はあるはずだ。その記憶を頭の隅で蘇らせ、現在につなげることができるなら、またそうしたいと願うなら、どんな人でも今日から野遊び人になることができる。

逆に「いい歳をして、今さらそんな」という人は、野に出ることは一生かなわないだろう。

焦点距離の長いもうひとつの眼

双眼鏡を使い始めたのは、いつだったかはっきり覚えていないが、今ではすっかり野遊びの常連のひとつだ。双眼鏡は実に不思議なものだ。最初から持っていなければ、人からちょっとのぞかせてもらい、それでいいやとすませてしまうところがある。しかし自分用のものを持つと、忘れて出かけたときなど、物足りなくて仕方がない。そんな一面がある。

また双眼鏡は慣れないと、なかなか対象物をスコープにとらえにくい。しかしコツさえ覚えれば簡単だ。とにかく対象物をじっと見つめたまま視線を外さず、固定した視線上に双眼鏡を当てはめるだけのことだ。

必要以上に愛着が湧くのも、双眼鏡のもうひとつの不思議だ。どんなに自分の双眼鏡より、性能やデザインさらに価格が抜きん出ているものを見せられても、また借りて使ったとしても、やっぱり自分のものが自分に合っている、と妙な納得をしてしまうのだ。

最近、双眼鏡の新しい使い方を教えてもらった。それは「逆のぞき」である。こう

通常はこっちから遠くのモノを見る
ナイフの刃
こちら側から
見る
刃にぴったり
つけて見る
小さなオオイヌノフグリの花も
ご覧のとおり

して見ると自分の足先でさえ、遠くに見えてしまうが、接写レンズとして使うのだ。こうして「逆のぞき」で花などを見ると、オシベ、メシベはもちろんルーペを使ったように細部がよく見える。

この機能を応用して「逆のぞき」で、ナイフを砥《と》いだあとの刃の点検をしている。刃に沿って双眼鏡を移動するだけで、刃の小さな欠けや角度の甘さが一目瞭然でわかる。これで点検したあとのナイフの切れ味はすごい。

羽根の持ち主探し

以前は釣りが好きで、よく山奥の谷に入った。ひとりで行くのが普通だったから、時間なども気にせずに谷が歩け、いろいろなものを自分なりに発見、感動したり、と楽しみは尽きなかった。近ごろはひとりで山に行くことはめっきり少なくなったので、発見や感動の感覚も少し鈍くなってきたような気がするが、それでも動物の死体など

てしまう。

を見つけると、腐敗が進んで臭くても、どうしても発見の喜びと観察気分をそそられてしまう。

東京・奥多摩のとある支沢で釣りをしていたときのこと、沢沿いの草むらで一面に羽根が散乱しているのを見つけた。大きめの茶色の羽根、黒い小さな羽根、それに光り輝く青い羽根など、色も形もバラバラで、何のものやらわからない。カケスだろう、などといいかげんに決めつけておいたのだが、果たして本当の持ち主はだれなのか。おそらくテンかイタチにでも襲われたのだろうが、不思議だったのは、骨や肉片がまったく残っていないことだった。

フィールドに出て、身近な動植物の残した拾い物といえば、鳥の羽根はその筆頭格。近ごろでは山のなかでも、カラスの羽根を拾うことが多くなったが、そんなときカラスに食料が狙われはしないかという心配が先に立ち、カラスが近くにいないか、周囲をうかがったりするようになった。

僕はそれほど野鳥の生態に明るいわけでもないので、拾った羽根は大事にしまいこみ、あとで野鳥ハンドブックを見て持ち主を想像したり、道具箱のなかに入れて宝物にしたりと、勝手に楽しむことにしている。特に手に入れてうれしいのは、ヤマセミやカワセミなど自分が好きな野鳥の羽根。たいていが沢沿いなので、暇があれば羽根探索の目を輝かして、あたりの地面をうかがっている。

ヤマドリやキジの尾羽根など大型のものもいい。見つけたときのうれしさそのものも大変だが、こげ茶色の部分と白と茶のまだら部分からなる羽根模様の不可思議さが絶妙。もちろん宝物としては上等品だ。

でも、ヤマドリやキジの羽根を見つけたときは、たいてい何本もまとまっている。持ち主はきっと生きてはいまい。そう考えると、悲しい。

一度見つけてみたいのが、トンビ以外の猛禽類《もうきんるい》の羽根と、カワセミの仲間のアカショウビンの羽根。猛禽については、知識もないので、どれがどれのものやら見分けるのに苦労はしそうだ。一方のアカショウビンは、初めて本物の飛翔を会津で見たとき、あまりにも美しいその姿に、目を奪われたからだ。西表島では何度もアカショウビンに出くわしたので、さすがに目の色が変わってしまい、アカショウビンの羽根が落ちていないか、と周囲をキョロキョロ。

ともかく、羽根拾いの楽しみとは、羽根の持ち主がだれかを想像したり、その場所の自然の様子をうかがい知ったりと、自分と自然の接点が感じられることに尽きる。それに好きな落ち葉拾い同様、宝物となって、後々いろいろな思い出をほうふつできる魅力もある。

動物のフンと足跡で自然を知る

恐ろしい思いをした。クマとの遭遇である。

北アルプス・白馬鑓《しろうまやり》ヶ岳で沢登りをしていたときのこと。ルート図ではそれほど落差のある滝ではないと思っていたのに三段六〇mはありそうな大滝が行く手を阻んでいた。僕はひどい高所恐怖症。高巻きをするがズルズルの泥壁。やっとのことでピークにたどり着けば、そこに、してからあまり時間の経っていないクマのフンがある。

「こりゃ、遭うぞ」「いやだな」などといいながら、雪渓の上を行くと今日の目的地である鑓温泉小屋が見えた……はずなのに、なんとそこに温泉小屋の建物がない。小屋は冬を迎えるにあたり、すでに解体したあとだったのだ。

「これ、どういうこと？」

「何か話が違うようだけど」

同行者の白い目に、返す言葉もない。事前の調べでは確かにまだ営業をしているはずだ。小屋泊まりの予定だったので、テントもシュラーフもない。仕方なく、小屋の板塀に使っていたと思われるコンパネを借り、三角屋根の臨時温泉小屋を造った。食料も、ビスケットやチョコレートだけというありさま。暖のほうだけは、健在の露天風呂を拝借できて何とか寒さをしのげたのだった。

夜中、寒くなったのでひと風呂。仲秋の名月を見ながらのんびりつかっていると、前方の斜面の暗がりでキラキラ月明かりに輝くものがある。何だ、ありゃ？　クマだ！　こっちは丸裸。しかしそんなことは気にしてられない。仲間のいる臨時温泉小屋に逃げようと意を決し立ち上がった。すると、向こうもあわてて背後の茂み目がけて逃げ、辛うじて危機を脱した次第。

情けない話ではある。

クマとの遭遇は、山ではよく耳にする話だが、クマと遭わない方法のひとつに、フンを見つけたらともかく回避するというものがある。これは北海道庁発行のヒグマ対策のパンフレットにも載っている方法で、フンがあればその周辺にクマがいても不思議ではない。当たり前のことを書いただけだ。

その意味で、フンの発見は動物と遭えるひとつのサインをフィールドから送られたようなもの。一般に動物のフン（足跡）はフィールドサインと呼ばれており、その大きさや内容物で持ち主がだれだかわかる。

小さなフンのなかに鳥や動物の毛が混じっていたら、これはテンやイタチ、オコジ

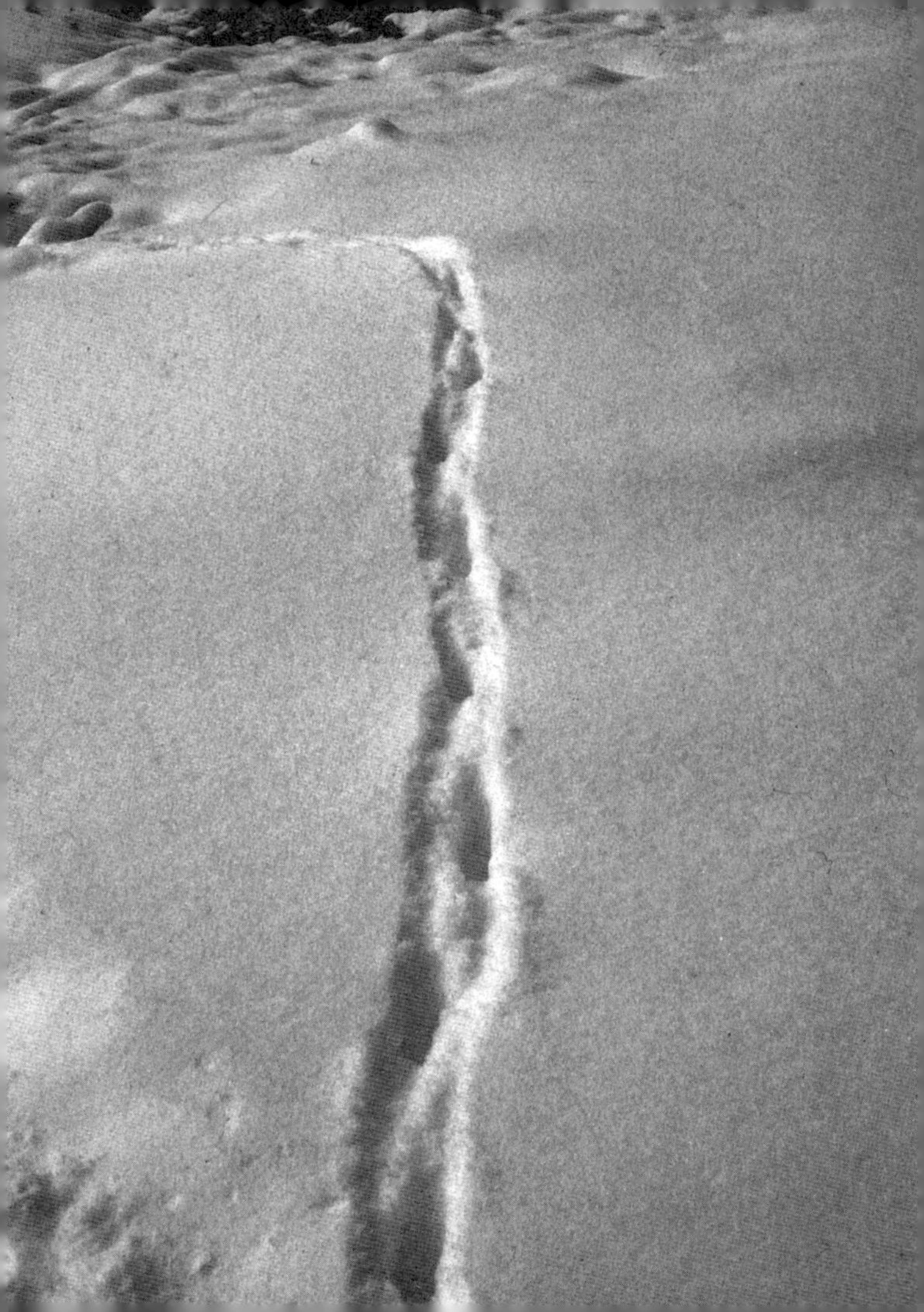

ヨなどの肉食の動物ではないかと、想像できる。一方、草食のリスやウサギ、シカなども判別しやすい。肉食のものと違って、まとまってしてあるのが特徴的だからだ。カモシカは溜めフンといって、一カ所に大量に溜めてしてあるので、持ち主を容易に想像できる。

足跡も同様。特に冬の野遊びでは、雪の上につけられた足跡を見つけるのが容易なので、そんなとき、がぜん張り切ることになる。動物にはそれぞれ歩き方や走り方に特徴があり、それを理解していると持ち主の判別がつきやすい。キツネのように一直線に走る癖があったり、ウサギのように、三つの足跡を一カ所に残す走り方は、特に判別しやすい。

以前、ウサギの足跡をたどっていったら、途中からキツネの足跡が加わり、ウサギの足跡が木の根元で消えていたのを見つけたことがあった。その周辺にキツネの足跡が行ったり来たりしていたのを見ると、キツネの野郎、どうもしくじったらしい。

このフィールドサイン、先の野鳥の羽根同様に、持ち主の動物の存在を想像できて、僕の大切な野遊びのひとつになっている。八幡平《はちまんたい》の雪原で、ウサギの生殖行動の時期を示す、オレンジ色の小便跡を見つけたときはうれしかった。それは春の到来を告げるサインだったからだ。

野遊び場のめっけもの

フィールドでの拾い物は野鳥の羽根や動物のフン（ナキウサギのフンはとてもかわいい）、木の実、石など数限りなくある。

木の実の拾い物といえば、ドングリが代表選手だが、食い意地が張っているのか、食べられるカシやシイのほうに興味がある。

ミズナラやコナラもかわいいが、スダジイは生で食べてもビールのおつまみになる。以前、知り合いがトチの実をクリと間違えて食べ、顔中しわくちゃにして渋に耐えていたのはおかしかった。ミズナラやコナラも、実生の実を拾ってきて植木鉢に植えておくと、春には立派な双葉を出すからかわいいもんだ。木の実といえば、ボルネオ島のジャングルで大きな実を見つけた。フタバガキ科（いわゆるラワン材となる熱帯雨林の高木樹種）の実ではないか、という話だが、その大きさといい、軽さといい、テリといい、宝物として上玉。何の実だったのだろう。

木の皮も楽しい拾い物。前の章で書いた「マツ」という松の皮のタワシもめっけものだった。皮は皮でも食べ物や飲み物となると、話は変わる。クロモジの皮をはいで焼酎に漬けると、クロモジ酒になると聞き、さっそく実行したが、あれはいけない。やはり、ハイマツの葉を漬けたほうが旨かった。

カヌーツアーで大きなトートバッグを持って山のなかに入っていったら、何をするのかと、参加者に聞かれた。焚火の焚きつけ用小枝集めだ、といったら不思議な顔をされたが、この小枝集め、結構楽しいのだ。何十回も焚火をしていると、自然とどの小枝がどのように燃え、また着火材として優秀か、とうんちくができて、焚火評論家にでもなったような気分。特に照葉樹林で拾えるカシなどの小枝は、脂肪が多く、また細いながらも火持ちがいい。

魚を釣って薫製を作るんだったら、サワグルミの枝を拾う。サクラなどとは違って、魚の風味を損なわずに香りのよい薫製に仕上がる。

この小枝での遊びをひとつ。ピース缶を用意する。適当な長さに折った小枝をピース缶にぎっちり入れてフタをし、焚火に放りこんでおくと、ミニ炭ができる。

石を拾って持ち帰ると、魂を抜かれるという話を聞いたことがあるが、あれは石に悪霊を閉じこめた故事などによるのだろうか。先ごろ人気を集めた映画『無能の人』でも主人公が多摩川で拾った石で盆石屋を始める話があったが、石拾いは野遊びの重要なテーマともなるようだ。

僕の父は若いころから庭いじりが好きで、河原で石を拾ってきては盆栽の土台に使い、風流をかこっていたが、そのうちに大きな石をどこからか手に入れてきてノミを使って穴を掘り、何を作っているのかと思えば、茶道のつくばい（手水鉢）を完成させてしまった。しかし、気に入っていた石を、母親が漬け物石に使っていたのには、最後まで気がつかなかった。

その息子だから、独特の表情を持った石を見つけると、どうしても手が出てしまう。特に川より海のほうが形もバラエティに富んでいて、石拾いが楽しくなる。飾り物ではなく、文鎮、漬け物石、なんでもいいが、できれば実用品として使いたい。石以上に興味があるのは、化石や土器などの過去の遺物。これは少ないだけに拾い物としては、当然価値が高くなる。

先日、ウッドクラフトの仕事をしているTさんと会ったが、このTさんの庭の南側斜面は縄文土器が掘り出される土器の宝庫。ティピーのなかで焚火にあたり、その土器を手にしながら、ビールをごちそうになったが、話は海流の民と少数民族の話に終始した。土器の紋様を作った人を思うとき、何か自分が歴史上の人物と結ばれているような錯覚に陥り、不思議でならない。焚火を前にすればなおさらだ。

北欧は野遊びの宝庫

ノルウェーとスウェーデンでもらえる無料のキャンプ場のガイドブックには、星印のランクが記してある。ひとつ星から五つ星まで標記してあり、実に親切なことにキャンプ場への道路標識にも、この星印がきちんと表示してある。
ひとつ星も五つ星のキャンプ場も、フィールドにはそれほどの違いはない。建物と施設が違うだけだ。五つ星には湯の出るシャワー、洗濯機のある洗濯施設、TVを見てくつろげる部屋、水道ガス完備の炊事施設、キャンピングカーの汚物処理場、サウナ……など至れり尽くせりの設備がぜいたくに揃っている。一方、ひとつ星は、清潔で簡単なトイレ、草地から立っている水道の蛇口のふたつがあるだけだ。
三週間ほどノルウェーとスウェーデンを野宿して旅をしたが、できる限りひとつ星のキャンプ場を使った。水と下の処理さえ確保できれば、あとは人っこひとりいない、快適なフィールドをひとり占めできるのだ。もちろん料金は無料。ただ管理事務所があるところがあったりで、一様ではなかった。
あれはどこだったろうか、遠くに羊の群れが見えるキャンプ場だった。もちろんひ

Photograph by Yasuo Hara

とつ星。ウワミズザクラの根元に荷を降ろし、ぼんやりしていると羊飼いの兄さんがひょこひょこやってきた。

彼がそこの管理人だった。片言の英語で挨拶《あいさつ》をする。手持ちのワイルドターキーを振舞うと、これはいい酒だと、赤い頰《ほ》っぺをほころばせた。ナイフを見せろというので手渡すと、しげしげと点検している。感想を聞くとまあまあだといわんばかりだ。それはたぶん、刃が薄かったせいだろう。管理人はサーメ人でトナカイの解体にナイフを使うので、刃の厚いのを使い慣れているに違いない。

旅の道行き、ぽつんと建っている小屋に立ち寄ると、どこからともなくサーメ人が人なつっこい顔で現われる。小屋で手作りの人形や、民芸品を売っているのだ。腰に独特の形をしたナイフをぶらさげていて、頼むと快く見せてくれる。ナイフはしっかり使いこまれ、刃は鋭く砥いである。土産の代金を払うと、彼は革製のきんちゃくから釣り銭を出す。それがなかなかの細工で、どこで売っているのかと聞いても、言葉がうまく通じないのか、らちがあかない。売ってくれ、といったがダメだった。

旅の終わりにスウェーデン第二の街ヨーテボリで、ヒッピーの兄ちゃんがサーメ人の使っていたのと同じきんちゃくを売っていた。これにはすぐに飛びついた。

どれを思い出しても、もうあんな旅はできないなあとため息が出る。

ヨセミテにて

ヨセミテ渓谷は世界でも有数の美しい国立公園だ。花崗岩《かこうがん》の大岩壁にはさまれて蛇行するマーセド川の両岸に、美しいメドウが広がり、そのなかに各種施設が点在している。渓谷内にはシャトルバスが走り、いつでもどこへでも観光客を無料で運んでくれる。

僕らがここを訪れたのはアメリカ各地をひと月ほど放浪したあとで、八月のいちばん暑い盛りだった。クライマーやバックパッカーのたまり場として名高いキャンプ4は、サニーサイドの別名の通り昼間はフライパンのなかにいるように暑く、本来の目的である岩登りなどとうていできる状態ではなかった。さらに僕らはすでにかなり手元不如意だったから、リサイクルのため一個につき五セントをバックしてくれる空き缶拾いに精を出す始末だった。

そんなある朝目覚めてみると、夕べ飲みすぎて、しまい忘れたテーブルの卵が全部なくなっているではないか。地面には小さな穴のあいた殻だけが空しく転がっている。まるでだれかがストローで飲んだように見える。さらにクーラーボックスのフタが開

DANGEROUS

き、なかの牛乳パックが空になっていたのだ。空き缶の代償でやっと購入した貴重な蛋白源《たんぱくげん》である。

「だれだッ」

ということになったが、考えてみれば欧米人は卵を生のまま食べることを極端に嫌う。とすれば日本人の仕業か。我々は一瞬お互いの顔を見合わせたが、いくらなんでも夜中のうちに一〇個もの卵と一ℓの牛乳を一気に飲んでしまう奴はいそうにない。不思議なこともあるものだと思い、よくよくパックを調べると、爪で引っかいたような傷が幾筋もついている。何か動物の仕業であるらしいが、それが何だかさっぱりわからない。

そこへレンジャーが通りかかり、卵の殻を見るなり大笑いしながら、

「これはアライグマの仕業だ」

と教えてくれた。彼らは爪で器用に卵に穴をあけ、中身だけを飲むのだそうだ。牛乳も両手で抱えて飲むという。そしてレンジャーは、真剣な顔つきになり、

「君たちはただちに食料のアニマルプルーフをしなければならない。これは君たちの食料と安全を守るためだけでなく、野生動物を守るためでもあるのだ」

といった。聞けば昨年、人間の食料の味を覚えたクマが、スーパーのシャッターを

紙のように破り、内部に侵入したという。

「アライグマでよかったな」

といい残して、レンジャーが去った直後、我々は高い木にクライミングロープを渡し、食料を袋に詰めて、その真ん中に吊り下げた。それから数日後、キャンプ4に突然大きなクマが現われた。クマはキャンプ場をゆっくり歩き回り、ときおり顔を上げて鼻をフンフンいわせていたが、やがて森に帰っていった。

スーパーに侵入したクマは処分されたのか、今日姿を見せたクマがもし人を襲っていたらどうか。このできごとは、僕たちに改めて自然とのつきあいかたを認識させてくれたのだった。

ウワッチュー・ドゥー?

タイのラオス国境近く、コンケーンの村で野宿をしたときは、焚火を楽しめたのが幸いだった。というのは、タイは過酷なまでの伐採を続けた結果、今では逆に木材を輸入しているくらいで、木材は貴重だからだ。

そんな所で焚火をして野宿か、というなかれ。僕と同行の友人ふたり、宿泊先の建物のなかは暑苦しい、ならば外で寝ようということになった。すると、その様子を見ていたタイ人のおっさんがやってきた。さらにその様子を遠くからうかがっていたタイ人の若者が、またゾロゾロやってきた。いつの間にかその輪は広がり、酒の酔いも手伝って、あの星はなんだ、いつもはどこで寝ているのか等々、話が夜半まで続いた。

このときに僕たちは、熱帯地方ではマンゴーを使って焚火をするということを知った。マンゴーは脂分が多くて火つきがよく、また繊維が密なので火持ちがいい。日本でいえば、備長炭の材となるウバメガシといったところか。で、さっそく焚火を始めたわけだ。昼間は野豚が我々の目の前を徘徊し、ジャコウネコやコブラ、サソリもいるような所だが、森の荒廃はまだ人心の荒廃にまでは至らず、のどかな田園地方に水牛の姿がよく似合う村だった。

夜半、頭にトーチを掲げたようなウジ虫を見つけたのは、ボルネオの熱帯雨林のなかでだった。東南アジアでは人里離れた場所での野宿は危険と聞かされていたので、日本でも知られる名峰、キナバル山の麓にあるサバ州立公園野営場に決めた。といっても、手厚く保護された自然度が高い原生林内。野営場に宿泊する人はほとんどいないとレンジャーはいっていたが、なるほどトーチを掲げる肉バエのウジ虫が徘徊する場所で、テントも使わずに野宿する脳天気はいないのだろう。

しかしうれしいことに、ここにはポーリンという名の温泉がある。当然入ったが、日本と違うのは、ひとりが入り終わったら一度栓を抜き、次に入る人は新しく湯を入れ直すという方式。わかってないね、といいたかったものの、結局僕も海水パンツを履いてしっかり入浴していた。ちなみにこの温泉は旧日本軍が発見して作ったという。

南の島の無人島野宿を決行しようと思い立ったのは、フィリピンのセブ島にあるリゾート地の沖合いの島でだった。このときの相棒はセブ在住の友人と、マニラから来た女友だち。ふたりとも島はアイランドホッパーが多いからやめろという。海賊とまではいかないが、無人島に住み、付近のリゾート地に出かけていっては、人のいい日本人観光客などをカモにして、いいかげんなものを売っているらしい。

結局あきらめきれずに、僕だけリゾート内の浜辺でシュラーフカバーひとつで野宿を敢行したのだが、夜中に背筋に金属の冷たくて重い感触が走り、飛び起きた。

「ウワッチュー・ドゥー?」

「ノー、アイ・ドゥー・ノシング、アイム・スリーピング」

「アー・ユー・ジャパニーズ?」

「イエス・イエース、サンキュー」

何がサンキューなのかは知らないけれど、この際サンキューだ。カービン銃を持ったセキュリティだった。それからは、片言の英語とタガログ語を交えながら世間話に花が咲いた。僕がウイスキーを差し出すと、酒はやらないという。そのかわり、一緒にグラスをやらないかという。グラスといえば、マリファナだ。

「ノ・ノ・サンキュー、アイム・オンリー・ウイスキー」

と答えた。どうも彼のサイドビジネスらしい。そのうちに、俺が明日からこの辺りのツアーガイドをしてやるとまでいいだしたが、僕は丁重にお断りした。帰り際、セキュリティ氏曰く。

「ユー、ちょっとクレイジーね」

勝手にしろ、と僕はいいたい。

晴れても楽し、降っても楽し

野外ではテントを使わない。シュラーフをゴアテックスのシュラーフカバーに入れ、草を敷いたアースマットの上に寝る。

朝から雨のときは湯治場へ逃げこむ。共同の炊事場でメシを作り、酒を飲んで天気をしのぐ。全国の湯治場に詳しい仲間がいるが、観光案内などで教えてもらうこともある。湯治場は思っているよりも数が多く、それだけを巡っても面白い旅ができそうだが、風呂が嫌いなのでそうはいかない。湯治場で風呂に入らないのは、僕ぐらいのものだ。

渡船で目的場まで送ってもらって、野宿をしたことがある。湖や島だと足の便で、どうしてもそうなる。迎えが来るまで釘づけの旅ということだ。こんなときは雨が降ってきても逃げようがないので、そのためにタープを用意している。タープといっても、昔使っていたテントを切って一枚のシートにしたものだ。木の支柱を立てロープを張ると、ほとんど雨はしのげる。

田子倉湖のときもそんな状態だった。初日の晴れが二日目から降られっぱなし。原

因はこの本の最初に書いた「雨男のA」がいたからだ。

野宿地は泥砂の堆積した、狭っ苦しい場所だった。朝から降り始めた雨は昼ごろまでには、泥砂をグッチョングッチョンのぬかるみに変えてしまった。足首までがぬかるんでくる。こうなったらどうしようもない。しかし手はある。

斜面に生えているヤブツバキの枝を切り、ぬかるみの上に敷くのだ。青葉のたっぷりついたヤブツバキの枝は、ぬかるみをものともしない床に変身させた。上に座るとフカフカして気持ちがいい。雨足は弱まらないが、ありったけのシートを互い違いに張り巡らしているので、焚火も雨から守られてメラメラと燃えている。

それだけで一日が過ぎれば何のことはない。ところがそうはいかない。かすかなシートのたわみに雨がたまり、天井が丸く垂れ下がってくる。明るいうちはすぐ気がつくが、夜になっても雨が止まないと、天井まで届く「働き棒」を用意してシュラーフにもぐりこむ。

雨音を子守歌にしていると、シートのたわみにたまった雨が端からあふれ出す音がする。ジョーッというその音は、馬の小便のように勢いがよい。そのくらいになると、タープの支柱は水の重さで弓なりにしなり、天井が低く迫ってくる。それを寝っ転がりながら下から働き棒で押して、水を流してしまうのだ。シートが軽くなると支柱は弾力を戻してしばらくは持ちこたえる。

そうして四、五回ほど働くと、空が白くなってくる。薄目を開けても雨は見えない。シートを打つ雨音だけが聞こえる。それがだんだん弱まってくるが、まだ晴れる徴候ではない。シュラーフのなかでまどろんでいると、鳥たちがさえずり始める。このさえずりが本格的になり、うるさいほどになると晴れは約束される。

晴れたら晴れたで、濡れたものを乾かしたりするのが面倒だからこのままでいいや、と雨の音を聞きながら思ったりする。

恐怖の雷

足下に広がる空間は、もう高さにして二〇〇m以上はあるだろうか。切り立った壁を登りながら脚の間から下を見るとすごい高度感だ。僕をしっかりと確保してくれている相棒のヘルメットがちらりと見える。さらにその下の雪渓の脇にはお粗末なテントがぽつんとひとつ。夏も終わり、今ここにいるのは僕らふたりだけだ。いちばん近い山小屋まで健脚でも五時間はかかる。

もしここで、どちらかが大きなケガでもしたら……そんなつまらぬ考えが頭をちらっとよぎったが、登ることに専念しなければならない。なに、ここから先がちょっといやらしい核心部だが、もう半分以上は終わっている。クライミングが終了し、両手を使わずに歩ける所まではもう少しなのだ。

クライミングロープがいっぱいになったところで小さなテラスがあった。セルフビレイを取り、相棒に声をかける。クライミングロープが揺れ、相棒が登り始めた。気がつくといつの間にか岩壁はすっかり濃いガスに包まれ、相棒が金具をいじる音が聞こえるだけだ。

そのとき、突然耳鳴りがした。ブーンというか、ジーンというか、いやな音だ。それが耳鳴りではなく、胸に下げたカラビナやピトンから出ているのだと気づくのに数秒かかった。

さらに数秒後、僕は事態を理解した。今、この岩壁全体が強力な雷雲に包まれているのだ。恐るべき静電気の塊りに捕まってしまったのだ。今までに多くの人がこういった状況で命を落としている。

「早く登ってこい」

僕は相棒に向かって叫んだ。それより先に相棒も気づいていたらしく「わかってるよ。それにしてもおっかねえなあ」といいつつ猛スピードで登ってくる。大粒の雨が落ち始め、岩の上に丸い染みを作り出した瞬間、カッと世界全体が光り、間髪入れずバシッといやな音が響いた。雷は近い、というより雷そのもののなかに今我々がいるのだ。

ふたりのうちどちらかがやられても最悪の事態になる。といってどうすることもできない。岩登りのルートに逃げ場はないのだ。雨はいまや本降りとなり、小さな岩の溝を音を立てて流れている。

相棒が息を切らせ、心なしか青ざめた顔で登ってきた。ヘルメットの縁や換気孔から、針金のようになった髪の毛がはみ出ている。これも雷の仕業だ。ふたりでしっかりとセルフビレイを取り、残りのクライミング用具をすべてザックにしまい、その上に腰かけた。それから一時間ほどはなす術もなく、震える指で湿ったタバコを吸い続けるだけだった。

あたりが薄暗くなるころ、ようやく忌わしい雷雲は去っていき、雲間から月がのぞきさえした。幸運としかいいようがなかった。テラスの上にあるオーバーハングが幸いしたのだ。体もあまり濡れず、足下を水が流れることもなかった。

山での雷の恐ろしさは聞いてはいたが、知識や技術では解決できない危険があることをこうして知ったのだった。

雨男を追い出せ！

雨男というのがいる。ならば雨女というのがいてもよさそうなものだが、まだ会ったことはない。

それはともかく、僕は野遊び仲間の間で雨男と呼ばれている。なぜかといえば、僕が参加する野遊びではいつも雨が降るし、僕がいなくなると雨はピタリとやむらしいのだ。さらに、僕が向かう方向に黒い雨雲が追いかけていく、とさもありなん話が尾ひれをつける。

で、自分では雨男だと思っていなかった僕が、はっきりと「やっぱり僕は雨男だったんだ」と思い知らされたことがあった。

岩盤がむき出しナメ床の美しさが魅力の、北海道・大雪山のクワウンナイ川をふたりの仲間と遡行したときのことだった。

訪れたのは八月も半ばの、雨続きの日。入山前に、このところの雨で増水している、とは聞いていたが、小雨となったのを機に決行。途中まで軽快に遡行し、沢のなかで一泊した。次の日は晴れ間も見え、写真を撮りながら上流を目指した。ところが、午後になって雲行きが怪しくなり、ついに雨が降り始めた。

最初はよかった。が、かの美しいナメ床続きの場所に至るころには、大雨の様相。しまいには、その上にある一〇mほどの二股の滝のいずれもが、水平近くまで滝水を吹き上げる始末だった。そこをやっとのことで突破して上流にたどり着けば、一大事。同行のSが流れに足を取られて川のなかへ。リーダーの僕は流れに飛びこみ、Sの体を抱えたが流れはきつく、今度はふたり一緒に流され始めた。下は滝、運が尽きた、と思った瞬間、幸運にも逆流する流れに足が乗り、ふたりともなんとか無事に岸にたどり着き、助かったのだった。

どうしてこうも雨にたたられるのか、このとき以来、僕は自他ともに認める雨男となったのだ。

ただ、この数年、山ではほとんど雨に遭わなくなった。遭っても一過性の低気圧だったり、野宿を始めるころには雨がやんでいたり、と雨のほうが逃げてゆくようなきらいすらある。

原因をたどってゆくと、一緒に行くことが多い仲間のひとりが晴男だということがわかったのだ。それも本人が「俺が降らないといったら、絶対に降らない」と豪語するほどで、神がかり的ですらあり、僕もその功徳のおこぼれを頂戴しているのかもしれない。

その一方で、僕よりもパワーの強い雨男がいることがわかった（本書にたびたび登場する「雨男のA」とはまた別人なのである。念のため）。というのは、その人物が同行すると必ず大雨に遭っているのだ。それもただの雨ならいい。カヌーツアーに出かけたときは、始めは晴天だったのが、途中から雹《ひょう》が降り始め、しまいには突風に襲われ、命からがらカヌーを漕いで帰ってきたというありさま。

また、さる友人はその人物と八丈島に空路で出かけたとき、羽田は快晴なのに、八丈島上空で嵐に遭い、着陸ができずに旋回する異様さ。やっとのことで着陸すれば、今度は雹で散々だったという。さらに岩手県の遠野に撮影に出かけたときは、雨で仕事にならず帰ろうとしたら、帰途、雷と突風に襲われたという。その日、遠野に近い花巻空港では、ジェット機が突風で落ちた日だったのだ。

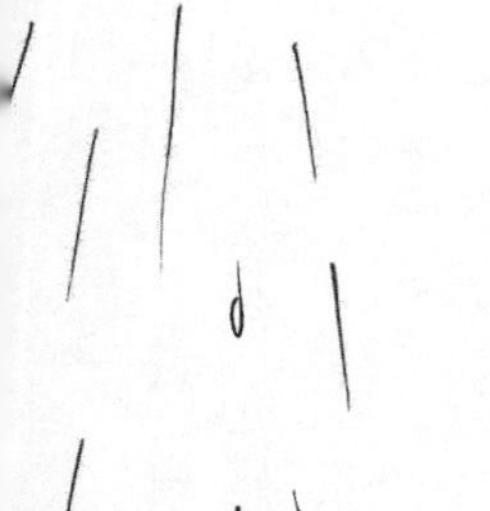

WANTED
DEAD ONLY
every body call
$30.00
RAIN MAN

こんな野遊びごっこが好き

トイレで読むのは新聞とは限らない。地図をのんびり眺めるのも、意外に楽しい。それなら、国土地理院発行の二〇万分ノ一の地勢図がいい。多色刷りで美しい。山脈は影つきの立体感で表現してある。水色の線は川だ。枝のような支流を目で追い、さらに小さな支流をたどる。川沿いの道は点線になって、源流部でとぎれている。周りには人家はない。

こういう所でのんびり焚火でもするといいではないか、こんな考えがポカリと浮かんでくる。こうなると地図を眺めている場所がどこであろうが、尻のあたりがモゾモゾしてくる。

こうして野遊びに出かけるわけだから、当然、道路地図を持たないで二〇万分ノ一の地勢図を、ナビゲーションに使うことになる。地勢図は道路の種別表示が一色で区別しづらい。そこで前もって高速道路を、色鉛筆で色分けしておくと使い勝手がよくなる。

食料は現地近くで調達だ。最近はちょいと大きい町なら、スーパーが必ずある。そ

の地方独特の酒の肴などがあったら、迷わず買う。当たりのあった店は、地図に印と余白に電話番号やデータを書きこんでおく。何より大切なのは酒屋だ。大手メーカーの酒ばかりを揃えている店は、たとえ美しい女主人がいようとも敬遠だ。県内県外に限らずいい酒のがん首が揃っているなら、ちょっと遠回りでもぜひ立ち寄りたいところだ。

こうして大切なことをすまして、目的地へは午後三時ごろ、遅くても四時までに着くのが理想的だ。この時間なら季節に関わりなく、野宿の準備をするのにたっぷり余裕がある。気に入らない場所ならまだ変更が可能である。

野宿地ではまず最初に、寝場を確保する。ススキ、クズ、イタドリ。何でもいい、そいつを刈ってくる。敷布団よりひと回り大きく敷き詰めたら、天然アースマットの完成だ。一度その上にごろりと横になると、とても気持ちがいい。ひと息ついたら薪《まき》を集める。薪集めはあまり欲張ってはいけない。ひと晩燃やす量だけでいい。

このふたつが用意できたら、野遊びの輪郭はほぼ描けたということだ。あとは近辺の探索、周りの植物の観察でも好きにするがいい。

しかし、そこへは野遊びに行ったのだから、よけいなことは明日にするのがいちばんだ。どっかりと焚火の前に居座って、「乾杯」というのが定石なのである。

カヌーで行く野遊び

北米大陸の北に上がると、例えばカナダ・オンタリオ州のアルゴンキン州立公園にあるような、広大な湖沼群があちこちにある。湿原にある大小無数の沼や湖がクリークによって結ばれている。このような所は徒歩で行動することは不可能で、昔からカヌーが使われている。オープンデッキのカヌーにキャンプの用具を積みこんで、何日も、時には何週間も旅をするのだ。

日本にはこんな広いエリアはないし、湖でも周囲には道路が走り、どこへ行っても観光地のようになっている。しかし、場所を選べばこれに近い遊びはできるのだ。

奥利根湖や銀山湖のように、ダム建設の結果できた人造湖は、山間部にあるため、湖岸に道などない所も多い。こういう所にカヌーで出かけ、だれもいない沢の出合などで野宿を楽しむのはいいものだ。

カヌーのいいところは、その積載量の大きさである。例えば一六、七フィートのカヌーなら、漕ぎ手ふたりのほかに、一人のメンバーと三人分の荷物すべてを載せても、充分な浮力と運動能力がある。

以前、この本のメンバーを含む総勢五人で、禁漁期に入った秋の奥只見に出かけたことがある。麓の町で地の酒と肴を買い、釣り人を乗せたパワーボートがいなくなった静かな湖面にカヌーを浮かべ、湖ができる前は深い谷だった入り江を漕いでいった。ある沢の出合に野宿地を見つけ、冷たい沢の水を汲み、豊富な流木で焚火を熾《おこ》した。我々のほかには人っ子ひとりいない静かな谷間で、昼間はイワナを見たり、キノコを採ったりして過ごし、夜になれば凍るような月明かりの下で、焚火を囲み、酒を酌み交わした。

そして、燃えるような紅葉と、あたりを真っ白に覆う霜のコントラストをシュラーフのなかから眺めて朝を迎えた。それは申し分のない二日間だった。

素晴らしいカヌー旅の記憶はほかにもあるが、この旅もまた忘れがたいものだった。

自然現象の謎解きごっこ

オーストラリアの乾燥地帯に、周囲が燃えないと、つまり山火事にならないと種子を落とさない植物があると、テレビでやっていた。実験にガスバーナーで、その植物の実を熱したところ、実は黒こげになりながらも、燃えるにしたがって口を開き、なかから種子がこぼれ落ちたのだ。何とも奇怪な植物があるものだと、改めて自然の不可思議さに恐れ入った。

「川の下にも川がある、川の横にも川がある」という明言を残したのは、かの東北の渓流釣りの先達、阿部武氏だが、これも先の奇怪な植物同様に、イワナという魚の謎めいた行動を表現した喩《たと》えだ。つまり我々が常々見ている川は、表面に現われた流れの一部分でしかなく、源で生まれた水流の一部分は川となり、また一部分は伏流となって、川の下、川の横を流れている、というわけだ。そして、そのあらゆる流れのなかにイワナは生息し、氷河期時代からの苦難を乗り越えてきた、ということになる。

専門の学者に聞いたところでは「そんなことあるわけがない」と一笑にふされてしまったが、実際に群馬県を流れる片品川と新潟県の登川《のぼり》で、湧水のなかで地表と地下

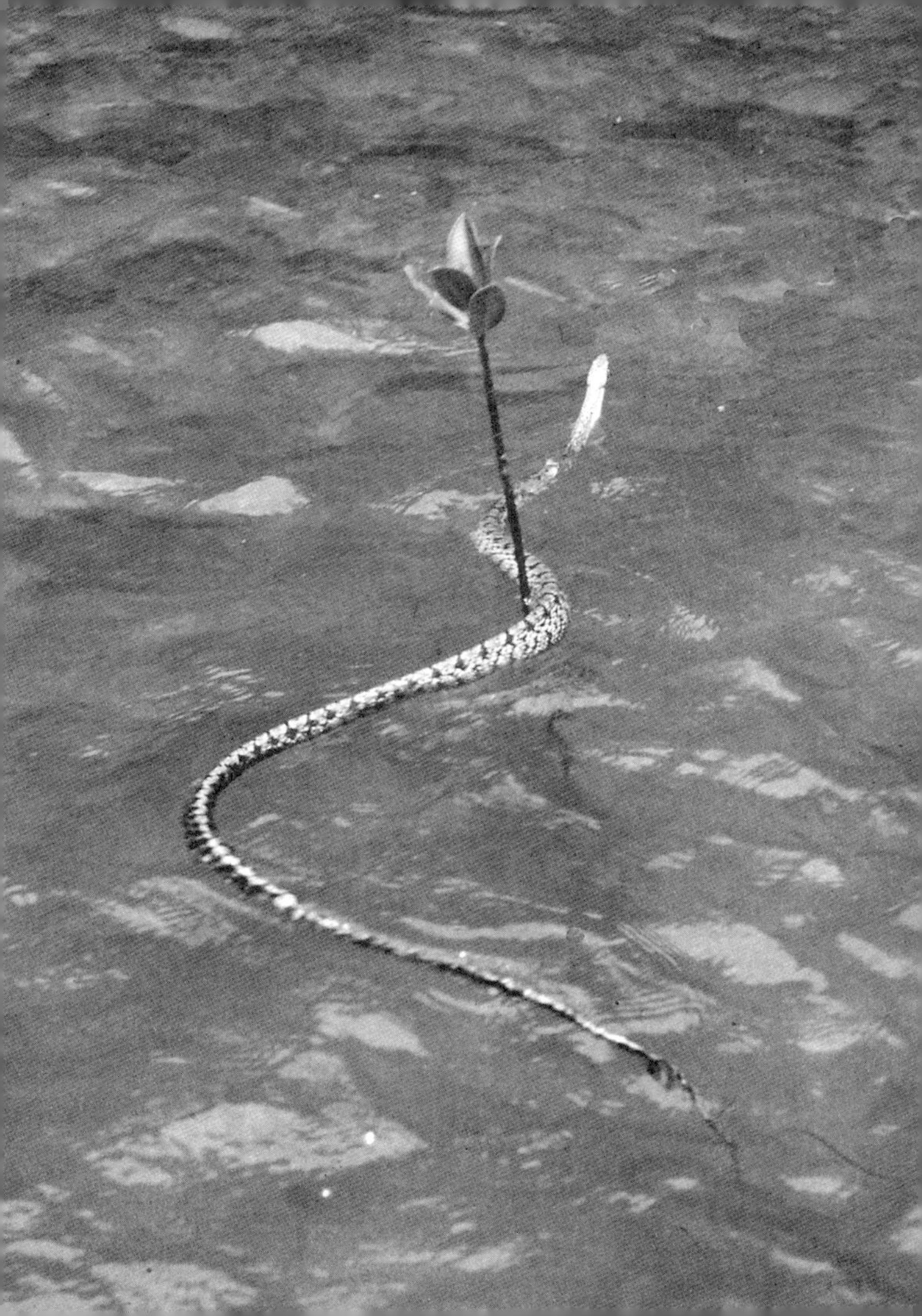

を行ったり来たりするイワナを見つけたことがある。

八幡平の玉川の源流でもこんな経験をした。イワナを釣って、そのうちの何匹かを川から少し離れた所に穴を掘って水を入れ、生かしておいた。周囲の水も染み出してきて、水位は加減しなくとも川の水位と同じ高さになるという具合。穴を掘っていたのは雪解け水がピークに達していた時間帯だったから、これ以上に水位が上がるわけはないので、増水に乗じて穴からイワナが逃げることはないだろうし、まして、すぐそばに寝ていたから、動物が来ていたずらすることもない、安全な生《い》け簀《す》だった。

ところが翌朝、穴の上にしておいたフタを取ると、なかはもぬけの殻。水も、波が引いた砂浜のように水位の跡だけを残してなくなっていた。もちろん、動物の足跡もない。イワナは伏流に乗って逃げ延びたに違いない。

それからだ。こういう謎めいた自然の姿を探すようになったのは……。そして、今では野遊びの大事な行事のひとつになっている。

ブナの森は水を大量に含む自然の貯水池だ、という話はよく聞く。実際にブナの木に穴をあけ、蛇口をつけて水を出す実験をしていたテレビ番組があったが、それがどれほどのものか、実際に見たいと思った。

函館に近い大千軒《だいせんげん》岳周辺の山々はブナの原生林に覆われた、山深い地域。この大千軒岳に登山したときに、ブナ林の貯水池たるゆえんを発見した。ブナの根元の幹の割れ目から小さな水流が湧き出していたのだ。

「樹木が水を生む」その姿を目のあたりにした僕は多いに感動した。

ヘビは泳ぐのがうまい、と聞いていたが、ウミヘビじゃあるまいし、波のある海までは渡りはしまいと思っていた。ところが、意に反して、海の上をスイスイ。沖縄の西表島《いりおもて》で、満ち潮の一kmはあるかという距離の湾を横断していた。サキシマスジオウというヘビだった。

青森県の白神《しらかみ》山地の保護運動で知られる根深誠さんが白神山地に興味を持ったのは、人も入ったことがないという原生林の林床に、人里だけに生えているはずのオオバコが生えていたことから、かつて人がこの森のなかを行き来していたのではないか、と推理し始めたのがきっかけだったという。

謎めいた現象や話を推理するのは楽しいことだ。特に自然の生態には、人間が想像もしない、まだまだ未知のことが数多くあり、人間生活とからめると一層その内容が深まる。山に登るでもない、釣りをするでもない、やれ自然観察とお題目を掲げるわけでもない、のんびりとした野遊び生活のなかでは、こうした推理が楽しめる自然の発見がことのほかうれしいのだ。

第4章

焚火

焚火概論

焚火はいいもんだ。夜、ささやかな焚火を囲んで、少しの肴と旨い酒を飲《や》りながら、軽いよしなしごとを話しつつそのまま眠りに落ちてゆくのは実にいい。野遊びの真髄ここに極まれり、という気がする。

何でこんなにいいのか、理由なんか説明する必要はない。いいものはいい、ただそれだけでいい。けれど、当の焚火の前に座り、あえて思い当たる節について考えてみると、このようなことではないだろうか。

まず、我々が地上で唯一火を操る動物になった、遠い昔の奇跡の日から今日までの間、最も長かった火とのつきあい方が焚火だったということ。ヒトの歴史は焚火とともにあり、それはついこの間まで続いていた。我々の父母の時代、焚火のバリエーションである囲炉裏、へっつい、七輪などが家庭の中心で幅をきかせていたことを思えば、ガスだ石油だ、原子力だというものは、つい昨日焚火の代わりに登場した新参者もいいところなのだ。そんなつきあいの長い焚火を忘れろといったって無理な話ではないか。

これは焚火が心を温める理由。

もうひとつ、イヌやネコは、今流行りの石油ファンヒーターから吹き出す温風を極端に嫌う。どんなに寒い朝でもその前を小走りに通り抜けていく。その代わり薪《まき》ストーブの前からは一日中離れない。これは我が家で実証ずみの事実だ。俺んところはそうじゃあないよ、という人は、家で薪を燃やしていないからで、イヌやネコが選択の余地を与えられないに過ぎないのだと思う。焚火の出す輻射熱はそこはかとなく優しいのだ。

こちらは焚火が体を温める理由。

さて、焚火が自然を破壊すると危惧《きぐ》する人もいる。確かに下手な焚火人が去った跡は見苦しい。これは焚火をする人のモラルの問題であろう。本書は、「大人の男の……」本だから、モラルについて具体的なことは語らないが、本当の焚火人は、きちんとTPOをわきまえているはずだ。

僕は、河原や海辺に流れついた流木、森のなかに落ちている乾いた小枝などを使って、一夜、しかるべき場所で、小さな焚火を作ってもいいと思っている。朝になれば、ほんの少しの真っ白な灰が残るだけ。そこに僕らがいたことなど、だれにもわからないようにして出ていく。

焚きつけの話

どんな名人級の焚火でも、焚火の始めには、いわゆる焚きつけというものがいる。条件さえよければ、枯れ草や枯葉などでも充分だが、野宿する場所や天候は当てにならないから、焚きつけを用意しておいたほうがいい。

もっとも簡単便利なのはチューブ入りのジェリー状メタノール燃料だ。何しろ薪の上に、歯磨粉よろしく適量ひねり出して火をつければいいのである。絶対に失敗はない。

そこで、もう少し凝ってみようと思い、チェーンソウのチップを灯油に浸したのを持っていって使ってみた。これもなかなか優れているし雰囲気もある。しかも材料費はただ同然だ。しかし欠点はあった。灯油の匂いが食料についてしまったのだ。運搬と保管には十分に注意しなければならないと、深く反省した。それと、かなりしっかりした密封容器が必要になることもわかった。

今度は同じ材料をパラフィンで煮固めてみようと思っている。これなら常温で溶けないので、容器も少し楽になる。

・チェーンソウのチップ・パラフィン煮固め
RED WING
MINK OIL
・シラカンバの皮
・防水マッチ
↑点火
FIRE PASTE

身近なものでいい焚きつけになるものもある。緊急用に覚えておくと便利だ。まず、布製のガムテープ、これは粘着面もコーティング面もとてもよく燃える。細い枝を束ねてくるくるとテープで巻き、点火すればＯＫ。ミルクやジュースの紙パックも内側がロウびきなのでいい焚きつけになる。

自然にあるもので焚きつけとして有名なのは、シラカバの樹皮だ。しかしこれは一度はがすと白い部分が二度と再生しないから、命にかかわるとき以外、知識だけにとどめよう。

着火用の道具は僕はたばこを吸うから、ふだんはジッポーかアムコのオイルライターを使う。最近は予備のオイル入れも市販されたので便利になった。ほかに、防水マッチケースも持ち、なかにはコグランの防風、防水マッチが入っている。着火道具はいつも予備を持っていないと、すべてを失ったり濡らしてしまったときに焚火を作れない。またそんなときこそ焚火が欲しいときなのだ。

焚火を生み、育てる

焚火には絶対に欠かせない三つのものがある。これを焚火三要素と呼ぶかどうかは知らないが、このうちどれが欠けても焚火はうまく燃えてくれない。それは空気（酸素）、燃えるもの（薪）、そして薪が発火するだけの温度である。三番目の、温度をいつも適切に維持してくれるのは、赤々と燃える立派な火床《ひどこ》だ。これさえあればあとは空気をうまく流し、薪を供給してやればいい。

焚火でもっとも難しいのは、焚火を始めるときだ。なにしろ温度の高い火床がないのだから、いくら薪と空気があっても火はつかない。どんな種類の焚きつけを使っても、我々が最初に作り出すことのできる火はとてもささやかなものだから、いきなりスケールの大きい立派な火床を持った焚火になるわけがない。

僕の場合、通常まず風下側に太い薪で枕を設定する。これは火床に熱をこもらせるためと、空気の流れを効率よくするため、そして薪が勝手に動き回るのをできるだけ抑えるためだ。焚きつけに火をつける前に、よく乾いたマッチ棒ほどの枝、同じく鉛筆くらいの枝、さらに親指くらいの太さの枝を、きちんと分けて多めに用意したい。

この準備をせずに火をつけるとあわてることになる。焚きつけに火をつけ、いちばん細い枝の束を乗せる。最初は手のひらに乗るほどの焚火から始めるのだ。除々に枝の太さを上げていくというのはだれでも知っているが、これらのサイズの薪は燃えるのが早いので、一時も目が離せない。

やがて小さいが勢いよく燃え始めたら、少し太い薪を枕に寄せかけるように置き、横からさらに細めの薪を供給してやる。上に置く薪は、空気の流れと熱効率を考え、密でもなく粗でもない間隔をあけてやることが大切だ。

こうしてだんだんと大きく強い焚火にしていけば、その間に火床もできあがってくる。

地面が濡れているときやうっすらと積もった雪の上では、太い薪を敷き詰め、そこで焚火を始めるとよい。この床の下を浅く掘ってみるのもいい方法だ。またこんなときはスターターとしての細い薪は、落ちているものより立ち枯れた木などから集めたほうが乾いていることが多い。雪が深い場合は、あらかじめ焚火を中心に大きな穴を掘らなければならないこともある。また雨の日には、火床が安定するまで、雨除けをしてやらなければならない。それは傘やタープでもいいし、薪をたくさん積んでカバーしてもいい。

焚火のメカニズムと維持管理

焚火はただ火をつければそれでいいというわけにはいかない。火力やサイズをいかに自在にコントロールするか、というところに焚火人の腕の見せどころがあると思う。しかし、この方法については人によっていろいろなスタイルがあって当然で、またそうでなければ面白くない。つまり、だれにでも自分の焚火というものがあるのだ。

僕の焚火の基本構造は、簡単にいうと二階建てのようになっている。一階は適切な薪と空気の供給によっていつでも赤々と燃える火床。二階は除々に乾燥し、少しずつ燃えて、一階に降りられる準備をする薪の溜り場。さらに焚火周辺の手の届く所には二階に行くために待機する薪の予備軍がストックされている。これが大体いつものパターンだ。

大切な火床を維持するにはよく乾いた燃えやすい薪か、すでに端から燃えて水分を失った薪を使うのがいい。新しい湿り気を含んだ薪をいきなり火床のなかに入れると、火力が落ちてしまう。火床のエネルギーが薪から水分を蒸発させるために使われてしまうからで、濡れた薪をブスブス燃やしても少しも温かくないのは、こんな理由なの

チャッカ

だ。こういう薪は枕を利用して火床の上、つまり二階部分に寄せかけ、乾燥させ除々に燃やしてやる。太い薪も同じだ。

火床の威勢がいいと、二階の薪にも火がつき、やがて火床に降りていく。雨が降っているなら、二階部分にすき間なく薪を積んで、火床に直接雨がかからないようにする。そして横から乾いた薪と空気を供給してやれば、火床は安定した状態で維持され、二階の薪も下から乾き、やがて燃え始める。

焚火を料理に使うなら、二階部分に直接鍋をかけてもいいが、脇から熾《おき》を適量掻き出し、それを使うといい。もちろん鍋を安定させるための算段をする必要がある。料理のときは火床の熾をたくさん作っておき、火床の力を保つことが大事だ。

焚火の形態と変遷についての考察

地面を固く踏みつける。草地なら靴のカカトで削って、三〇cm四方の土をむき出しにする。両脇に漬け物石ぐらいの石を並べる。間隔は子供の肩幅ぐらいだろうか。その石に太めの枝を一本渡し、手前の地面に枯葉を敷き、丸めた新聞紙を置き、上に細い枯枝をふんわりと積み上げる。

用意した徳用マッチを擦り、新聞紙に火をつける。炎が紙をなめ始めたら、石に差し渡した横枝に、よく乾いた枝を屋根をふくようにもたせかける。火が燃え移ったら、屋根の上にどんどん枝を足していく。横枝が焼き切れると、こうこうと燃えさかる燠ができる。あとは順次太い薪を足してゆく。

これが最初に覚えた焚火だ。もう三〇年以上も前のことだ。

それからたくさんの焚火をした。そして焚火はつきっきりで面倒を見ないと、美しく燃えてはくれない、ということがわかった。

最初に覚えた焚火は、空気の流れをよくするために、横に枝を渡したのだと思う。最近は一緒に焚火を囲む仲間によって、自然に焚火の形が決まる。

枕になる太くてしぶとい木を、横にでんと置き、その手前で火を燃やす。このスタイルは見栄えがする。枕木に火勢を向けるので、頑固な根つきの流木の枕木でも、焼き切れる豪快さがある。

長い流木しかない河原では、四方八方から木を炎に差しかける。焼き切れて流木が半分になったら、また炎の中心に組み直す。面倒だが仕方がない。火床さえしっかり作れば、太い流木があっちこっちから炎の中心に向かっていて、山賊か海賊のような野蛮な気持ちになる焚火だ。

いちばん手がかかるけど、小さくて丸い焚火が好きだ。乾いた薪がたっぷりあるときは、これに限る。いつもゆるやかな傾斜で、三角形に薪を保てばいい。薪の角度を立てると、火の燃えるスピードが早くなる。常に丸の中心で炎が上がるようにしないと、このタイプの焚火はいつのまにかバランスの崩れたほうへ、移動してしまうから要注意だ。

焚火をするときは、焚火男をひとり決めて、いっさい横から手を出さないことだ。焚火にはその焚火男のスタイルがあるから、それを尊重することだ。どんなに腕に覚えがあろうが、無闇《むやみ》に大きな火を燃やし、薪を浪費する奴は、焚火男には決してしてはいけない。野遊びの経験が豊富でも、そういう男は焚火男になる資格もない。

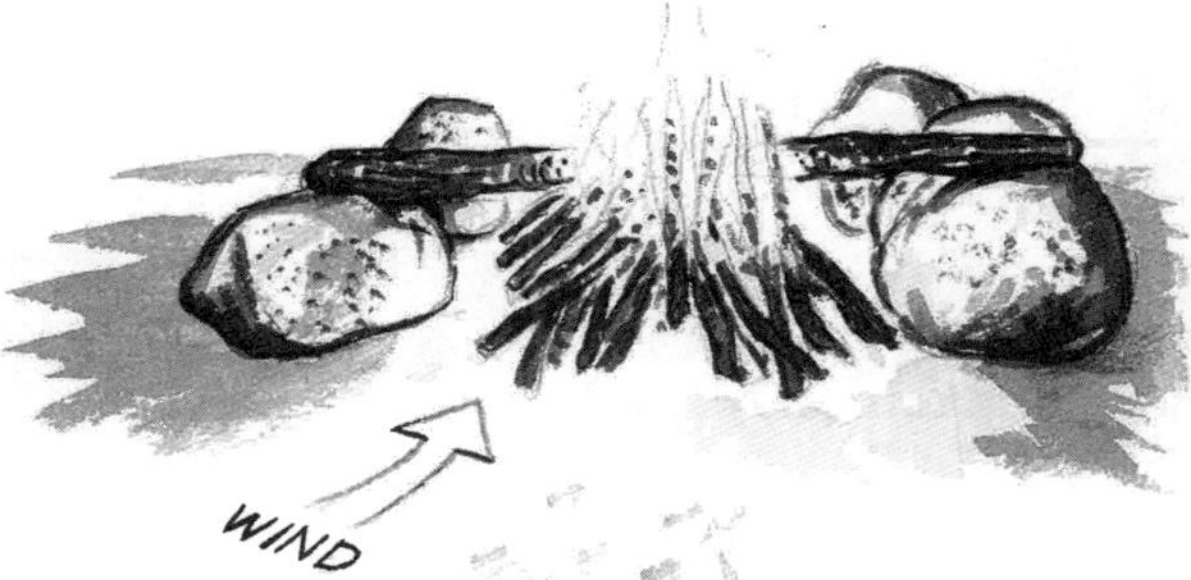
WIND

WIND

WIND

焚火いじりの道具

焚火人の務めは、焚火をいつも監視し、維持し、必要に応じて火力を増減することだ。そのためには手袋を始め、いくつかの道具がいる。といってもそう大袈裟《おおげさ》なものではない。

まずは火掻き棒だ。手ではつかめない焼けぼっくいを火床のなかに押しこんだり、料理用の燠を掻き出したり、薪の角度を微妙に直したり、時には鍋のフタに当てがい、なかの煮え具合を調べたりするための棒で、現在、いいものがないかと物色している最中だ。つまり手持ちがないから現地調達ということになる。といっても、拾った薪のなかから長さ六、七〇cm、固そうな材で、太さと重さは適当なものを選んで使うだけだ。

しかしこれを何時間か使っているうちに、短くなるとともに、なんとなく手になじみ、捨てがたくなってくる。時には持ち帰ろうかと思うようなものに出会うことがある。だから、ちょっと酔った勢いで薪と間違え焚火にくべたりするとひどく後悔する。不思議なことに同じ日に代わりの棒を見つけても、もう決して手にはなじまないのだ。

同じような目的だが、火ばさみというのもあると便利だ。鉄かステンレスの帯をU字型に曲げただけのものだが、いざグッズリストに加えようとするといいものがなかなか見つからない。普通に市販されているものは、材質も薄く見るからにヤワだし、かといって外国製の薪ストーブ用のものは頑丈すぎて重い。そしてどちらも持ち運ぶには長すぎるのだ。

と、思っていたら数年前、なにげなくのぞいた函館の釣具屋で、たしか「魚つかみ」だか「ウロコ落とし」という名前で、棚の上にホコリをかぶって置いてあるこれを見つけたのだ。たぶん売れ残ったものだろう。当然である。魚なんて手でつかむものだし、ウロコ落としならもっといいのがある。長さは二〇cm、携帯には最適だ。おまけに肉厚のステンレス製で見るからに丈夫そうだし、先がギザギザになっているから使い勝手もよさそうだ。さっそく購入した。こいつは、薪をはさむだけでなく、丈夫なので鍋の弦を持って移動するのにも使える。そして熾の上で焼いている魚を裏返すのにとっても便利だということもわかった。

なるほどあのとき、魚つかみとあったのはこのことだったのか、そうかそうか。今度は、ウロコも落としてみよう、などと考える。こうなると、この薪はさみはオールマイティな道具になり、ますます愛着が湧いてくる。困ったものである。

焚火料理のグリル

焚火で料理するのはそうやさしいものではない。まず火力の調節。家庭のガスレンジに慣れている人にとってはまずもって難しい作業となる。しかしこれは料理人のほかに優秀な焚火人がいれば大丈夫だ。焚火人は、料理人の指示通りに火力を調節してくれるし、そうでなければ仲間内で焚火人と呼ばれることはありえない。

もうひとつに鍋、釜を安定させる作業がある。これもどちらかといえば焚火人の仕事だ。これは現場調達でいろいろな方法がある。形の揃った石で五徳を造るというのが一般的だが、長い棒の途中に支柱を立て、手前に重石を乗せ、先端に鍋をかけるという方法もある。いずれにしても焚火人は火の調節と同時に鍋の安定を常に監視していなくてはならない。けっこう大変である。

少し前、さすが焚火先進国アメリカ、と感心させてくれる道具を見つけた。それはフォールディング・五徳とでもいうもので、「冂」型に曲げた鉄の角材に、さらにもう一本の脚を可動式のリベットで止めただけのもので、これを開くと「V」字型のグリルを持った三本脚の五徳になる便利なもの。これをしっかりと地面に立て、鍋のサ

イズによって置く場所を決めれば、とても使いやすいグリルになる。鍋の重みで脚が地面に刺さりすぎないように、おのおのの脚を飴のようにねじってあるのも気に入った。実際にはけっこう重いが、その分どんな火力でも変形することはない。

焚火人として、常に持っていなければならないのは手袋だ。それも安い作業用のものでいいから皮革製のがいい。火に強い不燃性のノーメックスなどもあるが、布の手袋はナタなどを使うとき滑って手元が狂うことがある。消耗品だがマメにミンクオイルなどの油をやっておけばかなりもつ。しかし、注意したいのはあまり油が多いと、焚火で使ったときその油が煮えて火傷《やけど》をすることがあるということだ。

第5章

酒、肴、料理

料理概論。野宿料理のTPO

野宿料理とは何か……と、あらためて考えてみたことはない。しいていえば、旨いものを食い、たらふく酒を飲む、これに尽きると思う。しかし、忘れてはならないことだが、前述したように、キッチンそのままの料理用具をフィールドに持ちこんではいけない。

同じように、ふだん食べている家庭料理をそのままフィールドに持ちこむことは、野宿料理のメニューを考えるうえでは避けたいことのひとつと思っている。

冬、冷えた体が熱燗と鍋を要求するように、野宿料理にもTPOみたいなものがある。また、せっかく野宿で食するのだから、洒落が利いた旨いものを食べたい。そのへんのところが、野宿料理を考えるうえでの肝心要のポイントであるように思う。

基本の第一。野遊び場は冷暖房が利いているような場所ではない。街の暮らしからすれば、環境はハードだし、体を動かさなくても体力は消耗する。それだけに、できれば体力にプラスになる料理を作ると仲間は喜ぶものだ。

体力を養う料理とは、要は主食らしきものをきちんと作ること。何も飯物を作れといっているわけではない。酒の肴とは別にメインディッシュなるもの、例えば鍋。それも香辛料がたくさん入ったほうがいい。香辛料は冷えから体を守ってくれるし、酒や食を進める。

基本の第二は酒。野遊びは快楽の極致。酒がないなら野遊びはしないほうがいい。酒が飲めない奴でも酒は飲んだほうがいい。それが野遊びの粋だから。すると、当然酒に合った肴の存在が浮かんでくる。

酒の肴はどちらかといえば、酒欲や食欲を誘うオードブル的存在といえるだろう。酒が糖分を含んでいるから、辛みの利いた素朴なものがうってつけ。いつもなら捨ててしまう大根の皮を千切りにして塩でもんだ即席漬けを食べたが、これはかなりいける。究極は煮干し一本でもよいかもしれない。酒が飲めない人でも、酒を楽しむコツがこのへんにある。

最後の基本は、料理を創造する楽しみ。一般の家庭料理を持ちこみたくないのは、それではあまりに知恵がないからだ。いい例が、フィールドでカレーライスや焼きそばを作ったり、バーベキューをしたりというよくあるパターン。カレーだって本気で作るなら別だけど、市販のルーを使っているようではつまらない。

料理を創造するとは……すなわち料理は遊びなのである。子供が泥だんごを作るのと同じで、下手でもいいから何か頭にピンときた、これだというオリジナル料理に挑戦してみるのは、遊び心がないとできない。見たことも聞いたこともない料理が意外な展開で完成すると、もうこの世界からは足が洗えない。

最後に、究極の料理と思われるひとつを紹介しよう。まず、白飯を普通に炊いて丼に盛る。その上から粗挽きブラックペッパーを適量かける。そこに鰹節《かつおぶし》でとった熱い白だしをかければ、「コショウ飯」の完成。

日本に唐辛子が移入される前のこと、すでに江戸の親父たちはこの「コショウ飯」を食らい、酒のあとの空きっ腹を満たしていたのだ。

市場探検のススメ

野遊びの旅に出かける楽しみのひとつに、その地方の町を徘徊するというのがある。特に、海辺の港町には心躍るものがある。そういう町には決まって市場やマーケットがあるからだ。活気にあふれ、雑然とした雰囲気は、まさに探検と発見の宝庫といってもいい。

まずは基本の魚介類のオンパレードだ。水揚げされたばかりの新鮮なイカやイワシの美しさは、眺めているだけでも飽きるものではない。もちろん地方によっては今まで見たこともない魚がいたりして、その名前を尋ね、ついでに食べ方を聞くのもまた楽しい。どうせ我々少人数の腹を賄うだけなのだから、買うものといってもたかが知れているのだが、そういうところのオバサンやニイチャンはほとんどが親切で、こちらの稚拙な質問にもていねいに答えてくれる。

野菜を売っている店もある。こちらのほうはたいていこじんまりしているのだが、ここ一両日の買いものには充分で、魚と同じように新鮮なものが多い。

大体、今晩何を食うかなんて決めていないのだから、まずは市場をひと回りして当たりをつける。それからおもむろに買い出しだ。普通は考えているより安いから、値段の交渉ということはあまりやらないのだが、店のオバサンが勝手に安くしてくれることもあり、そういうときはうれしくなる。

そうこうしているうちに腹が減ってくる。市場のなかにはたいてい食堂があり、シャケのハラス定食やカツ丼か何かで、朝からカウンターの奥で一杯やっているオジサンなんかもいて、ちょっといいなあなどと思う。

店を出て、通路の向かいに狭い間口が雑貨で埋まったような店があったりすると、またここで、ああでもないこうでもないと、ひとしきりウォッチングが始まる。

こうしてようやく市場の出口に立つと、何だか充実し、少し疲れてしまい、今日の仕事はもう終わった、という気分になってしまうのである。

酒、地酒

お酒を飲まない人にはわからないだろうけど、野宿、焚火という言葉が続いたら酒ということに決まっている。だれが決めたかというと僕である。こう書くと「待てい！　それなら俺だって決めたぞ！」という御人がかなりいそうだけれど、それはそれ。とにかく僕が決めたのだ。

野宿場に着いてひとまず乾杯、ということになれば、これはビールだ。だれに聞いても、異存のないところだろう。樹々の梢から陽がもれているころの時間なら、申し分なく旨い。何しろ体が乾いているときのビールといったら、もうこたえられないのである。野外では、太陽の輝いている時間にはビールを飲むと決まっているのだ。だれが決めたかというと、ま、それはそれ。だれでもいいのである。

陽は傾き汗も引っこみ、焚火もチロチロと燃えている、となればビールには退場してもらうことになる。そして登場するのが……、その前に、ここは好みによっていろいろに道が枝分かれしていて、難しい地点だ。ここはまず清酒でいく。だれが決めたかというと僕である。なぜかといえば、野宿は地方へ出かけてするものだから、その地方の地酒というものを飲んでみよう、ということなのだ。

いわずもがな、その地方にはその地方の酒文化というものがある。その一端に触れてこそ、グローバルな意味での自然感を体験できるのである。酒飲みは飲むためならどんな屁理屈でもこねるということが、これでおわかりだろうと思う。まあ最初はバーボンでもウオトカでも何でもいいのだけれど、ダラダラ飲むのは清酒がいちばん、ということなのだ。

地酒を飲むというからには、その地方に出かけたときは、そこの酒屋で酒を買う。地元には買い出しで消費税も払っているし、酒税も払うことになる。実に真面目な旅行者なのである。とはいってもよその県の旨そうな地酒があれば、わざわざ地元の地酒にこだわらない。飲み助は酒を選ぶときは、無慈悲で勝手なのである。

一度こんなことがあった。そのできごとを「山梨のれん自慢事件」と呼び、事が起きてからかれこれ一〇年以上は経っているのに、二度と忘れないように心に刻んでいる。

その日は山梨の甲斐駒《かいこま》ヶ岳の裾野で野宿をすることになり、韮崎《にらさき》にある、どでかいスーパーで買い出しをした。そこから道をはさんだ斜め前に小さな酒屋があり、そこで酒を仕入れたときのことだ。山梨といえば「谷桜」あたりが狙い目だが、あいにくと棚には見当たらない。「七賢」でもと思ったら、同行の男が「のれん自慢」なる一品を抱えこんで、これだ、といって譲らない。これは名前からして怪しい、と思ったのだけど、店主が前掛けの前で手を合わせて待っている。つきっきりじゃあかなわない。不承不承そいつをぶら下げて野宿場へ向かった。

さてビールの乾杯も終わり、「のれん自慢」の開封である。その男はシェラカップにドボドボ注ぎ、焚火の脇に置いた。燗酒にしようという腹だ。こっちはだんまりを決めこみ、冷やで注いだもののカップを手にまだ口をつけない。言い出しっぺを待っているのだ。

ころあいを見てその男はシェラカップを手にした。通人のようにカップの表面の湯気を吹き払い、ひと口含むと、なんと「まずい!」というではないか。それも、そのまずさの原因がまるでこちらのせいだ、といわんばかりである。

酒の「甘さ」「辛さ」、そのくらいは銘柄だけでも、長年飲んでいるならカンで読めるというものだ。自分で選んだ酒を「口に合わない」というならまだしも「まずい」とは言語道断! この野郎である。幸い、この男のほかは紳士だったので、血の雨は降らなかった。しかしこれでこの一件は、永久に仲間の心に刻まれ、事あるごとに戒めの例となり「山梨のれん自慢事件」として語り継がれることになったのだ。

菊姫
萬歳楽
純米吟醸
天狗舞
純米酒
山廃仕込
手取川
純

そして洋酒

ダラダラと焚火の前で地酒を飲むのはいいのだけれど、清酒の場合は終わりがはっきりしない。先代の金馬がいったように「酒飲みは奴豆腐にさも似たり、始め四角であとはグズグズ」なのである。

いくら野宿は酒といっても、これではいけない。キリリとした飲み物で最後を締めなければならない。そこで登場するのがウイスキーである。ここもいろいろな意見の出る分かれ道なのだが、僕はバーボンウイスキーがいい。焚火の始めからバーボンでもいいのだが、氷だ水だと何かと面倒だし、荷物にもなる。はなからストレートじゃ、間がもたない。そこで真打ちとなるわけだ。

最後はこれで終わり、と毅然とした態度を取りたいから当然、蹴り（キック）のある酒がいい。一〇一プルーフ、五〇・五度の七面鳥がいい。昨今はバーボンの種類も豊富でエバン・ウイリアムスやオールド・グランド・ダッドにも強力な度数のものがあるが、やっぱりオースチン・ニコルズの八年モノのワイルド・ターキーに限る。

野生の七面鳥ことワイルド・ターキーにも思い出はいっぱいあるが、忘れがたいの

Austin Nichols
WILD TURKEY
KENTUCKY STRAIGHT BOURBON
WHISKEY
101 PROOF
8

はノルウェーの一件だ。

ノルウェーとスウェーデンを三週間ばかり野宿の旅をすることになったとき、頭を悩ましたのは酒対策だった。かの国はアル中防止と称して、国営の酒屋でしか酒が手に入らない。それもかなり高価である。出かける前のこの情報に、成田の免税店でワイルド・ターキーの一ℓ瓶を三本仕入れたのは賢明な判断だった。

しかし、予想というものは外れるものだけど、この旅ではとびっきりの外れかただった。メンバーは僕を入れて三人。ほかのふたりはあまり量をかせぐタイプではないので、一週間で一瓶との読みだった。予想外れの第一は白夜である。薄っすらと白む幻想的な夜を想像していたが、午後一〇時までは真昼並みのカンカン照り。そこからあとは、ちょっと陽が傾いたかな、という感じで過ぎ、朝の七時にはまたカンカン照りなのである。しかも湿気がなく、風が吹けばサラサラと気持ちよく、降れば降ったでフィヨルドの大自然が小雨に煙るのである。これはもう飲むしかない気候風土になっているわけなのだ。しかも、ほかのふたりが予想外に飲むのである。というわけで、一週間で一本の予想が三日で空になってしまった。しかもストレートで飲んでである。二本目からは瓶に印をつけ、ちびちび路線に変更。その後の酒の入手の苦労たるや語るも涙で、酒修業のいい経験になったのである。

肝臓に値する器と銘柄

ひと口に酒といっても、その種類たるやものすごく多い。そんなことを考えただけで、頭のなかを酒のレッテルが飛び交って、口のあたりを手のひらでさすったりする。これじゃあまるで『リオブラボー』の、ディーン・マーティンだ。それはマズイぞ。やはりアル中はいけません。

単純なイメージでゆくと、焚火＝野性的＝バーボンというのが多い。しかし前にも書いたように、ダラダラ飲むのは清酒がいい。不思議なことに、肴をちょこっとつまみながらダラダラ酒を飲む、という習慣は我が国独自のものらしい。

いずれにせよ長い間、焚火の前で酒を飲み続けたせいで、パターンらしきものが確立した。人にはいろいろ好みがあるだろうが、僕の場合はスタートは即、清酒ということに定着した。いや、まずはビールじゃあないの、というご意見もありましょうが、よほど乾いていない限りは飲まない。その第一の理由は、ビールは小便が近くなるということだ。とにかく焚火の前から動くのが面倒なのだ。

さてその清酒だが甘口は論外である。こいつは好みだからどうしようもない。めっ

純米酒
天狗舞
大日山
ダイニチサン

三千盛
ミチサカリ

たにないけれど、ひと口で「いかん」と脳に直接アッピールするタイプもいけない。例の「のれん自慢」である。

しかしながら、やれ吟醸だ大吟醸だ、本醸造だ純米だ山田錦だ、何号酵母だと御託を並べるつもりなど毛頭ない。名だたる名酒だろうが、濃厚芳醇で腹が膨れてしまっては、しょうがない。

要するにさらさらと水のような口当たりで、酔い心地はあくまで穏やかなもの、こういう酒が焚火酒にはいい。そんなこんなで屁理屈が固まって関所みたいになってしまったが、岐阜、石川、富山県には、この難関もすんなりと通れる手形のような酒がある。

むろん、各県に隠れた銘酒はあるけれど、この三県は、焚火酒の条件にほぼ外れがない。だから僕の場合銘柄というより、県柄で酒を購入することが意外に多い。

「清酒は常温で」がモットーなので飲むときは、カップにドボドボとつぐだけ。要するに燗だ冷やだと手間をかけるのが面倒臭いのだ。清酒は冷やすと甘みが隠れるので、吟醸や大吟醸ともなると適温にやかましくて、うっとうしい。

僕が飲みやすいのは井戸水と同じくらいの温度だから、一〇度C~一三度Cくらいなのだろう。野外では、夏は別にしてアルミのカップに入れておけば、その近くの温度で味わうことができる。時が経つほど気温は下がるので、野宿酒は飲むにしたがって適温になっていくという、望ましい結果になる。

そのカップだが、今は仏軍の放出品のアルミのカップを使っている。昔、水道管にヒモでぶら下がっていた。あのカップと同じ形だが、もっと肉厚だ。しかしまだ決定打ではないので、いまだに適役のカップを捜索中である。素材は錫《すず》か銅を狙っているのだが、なかなかない。

ショットグラスは、写真家の浅井愼平さん自作のものをプレゼントしてもらって、それを愛用している。バーボンのスマートさを的確にとらえた、とても美しいグラスだ。セーム皮に包んで大切にしている。家宝でもある。

野宿のお通し・その1

簡単で手間がかからず、すぐできる。なかにはひと晩置かなければいけないものもあるが、酒の肴の野宿メニューを紹介しよう。

【素煮キャベツ】
①新鮮なキャベツをザクザクッと切る。
②コッフェルに湯を沸かし、塩をひとつまみ入れ、切ったキャベツを入れる。
③キャベツが入ってひと煮立ちしたら取り出し、半分に切ったスダチを絞る。
④スダチがなければレモン、それもなければ酢（量は好み）をかけてもいい。
●ビールによく合う。清酒もいい。

【大辛鮭酢漬け】
①塩びき鮭のアラ（頭、カマ、背骨、ハラス）をひと口大に切る。
②広口瓶に①を入れ、ヒタヒタに酢を入れる。

③千切りにしたショウガを上に乗せ、野外でひと晩寝かせ、そのまま食う。家で作る場合は冷蔵庫でひと晩寝かせる。
●たいていの酒に合う。

【残り昆布のウニ乗せ】
①おでんやだし昆布の残りを、四角く切る。肉厚で幅広がいい。
②瓶詰めのウニを適量、切った昆布に塗る。量は何度か試して調整する。
●清酒によく合う。

【お茶おひたし】
①完全に出切った茶ガラを用意する。できれば無農薬。茎茶と粉茶はだめ。
②強く絞って水気を切り、削り鰹と醤油をかける。
●歯触りがよい。抗ガン作用がある。

【梅干し餃子】
①梅干しの種を取り、梅肉を取る。

②梅肉を餃子の皮で包み、皮にフォークを刺し穴をあける。
③沸騰した湯で煮る。いったん沈んで浮かび上がったら食べごろ。
④酢、ラー湯、醤油、いわゆる餃子のタレで食べる。
●ほとんどの酒に合う。

【スルメ醤油】
①生スルメの胴をハサミで細く切る。
②広口瓶に切ったスルメを縦に入れ、醤油を三分の一ほど注ぐ。煮きった酒、醤油の同量でもいい。
③ときどき瓶を逆さまにして、スルメ全体に醤油が染みるようにする。
④最低ひと晩漬ける。
●特に清酒にピッタリ。

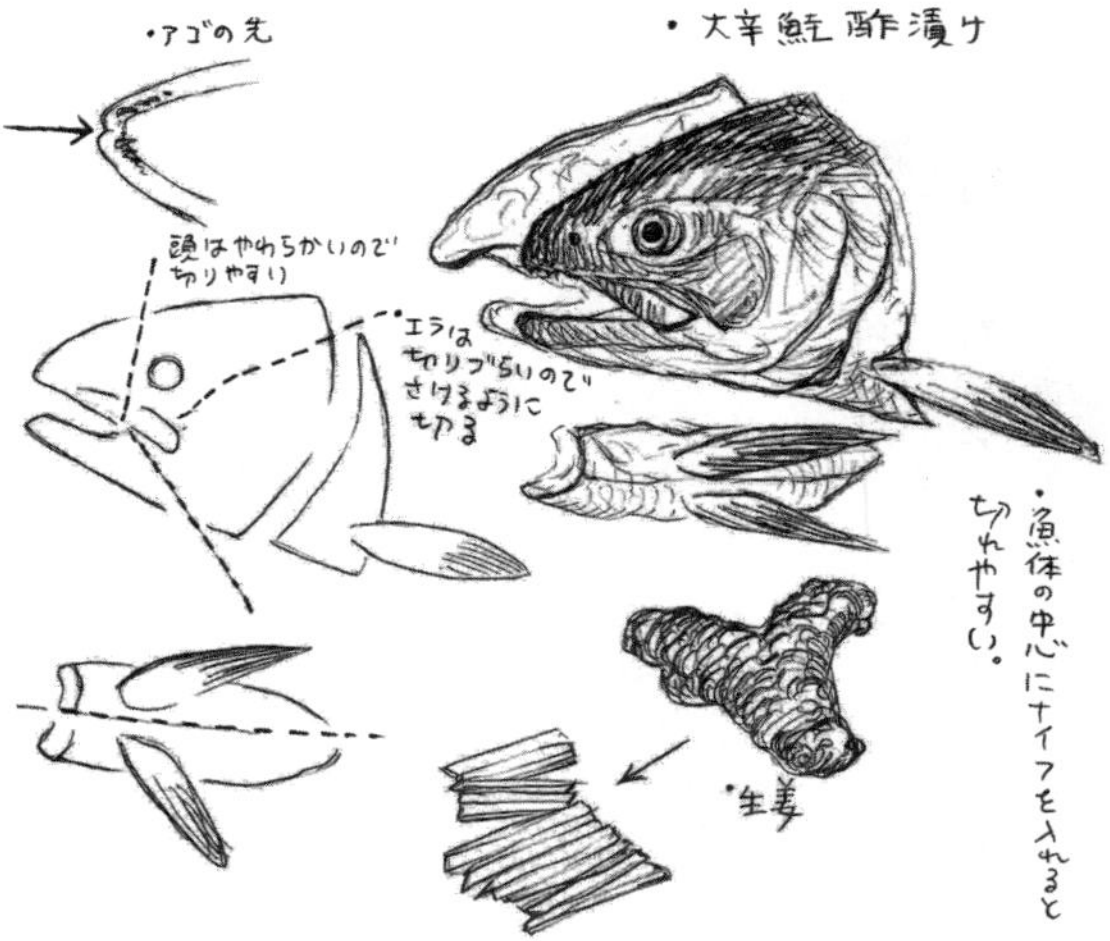
・大辛鮭酢漬け
・アゴの先
頭はやわらかいので切りやすい
・エラは切りづらいのでさけるように切る
・魚体の中心にナイフを入れると切れやすい。
・生姜

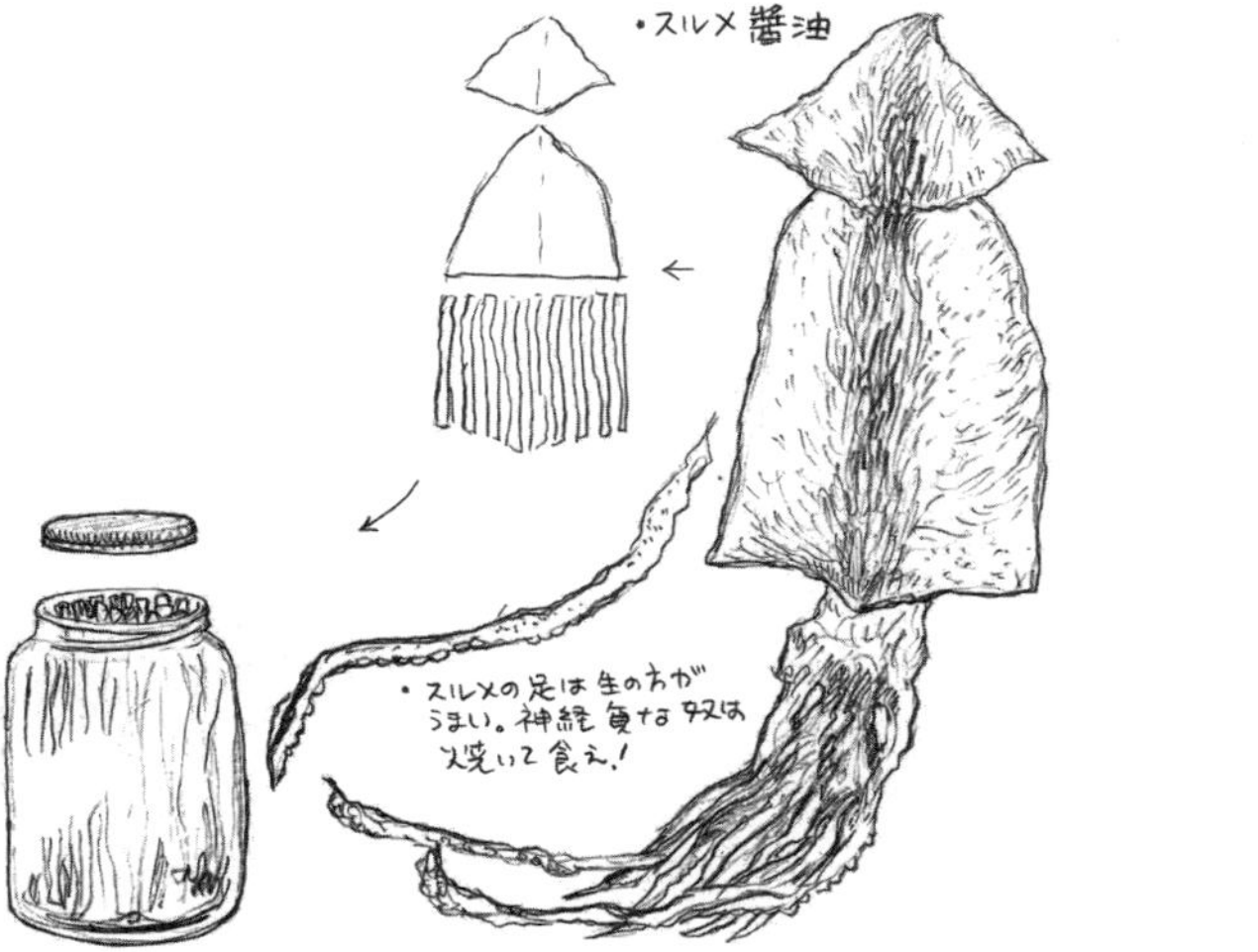
・スルメ醤油
・スルメの足は生の方がうまい。神経質な奴は焼いて食え!

野宿のお通し・その2

野宿料理は、しょせん野蛮きわまりない。しかし市場で仕入れた新鮮なイカや、無農薬の野菜などの材料を使うので、それだけは自慢できる。また家庭で作る場合は、残りものなどでできるので、家人にも迷惑はかけないところがいい。

【イタリア豆腐】

①木綿ごしを一丁、水から煮る。

②湯が煮立ったら豆腐を取る。丸ごと取り出せる工夫をしておく。

③小指の爪ぐらいに切ったアンチョビを豆腐の角に乗せ、スプーンでこそげ取る。

●アンチョビと豆腐のバランスを考えながら食べると、暇つぶしにいい。

【筋子の変身】

①筋子を塩水につける。塩の濃さは指でなめて少し塩辛いぐらい。

②浸透圧で筋子が膨れ、イクラになる。

●好みで食べる。例えばおろし和え。そのままでも、旨い。

【大根スキン】

①大根の皮を千切りにする。おろし用や、おでん用のあまった皮を使う。

②塩（アラ塩）をひとつまみふり、手でよくもむ。

③水が出るので軽く切り、皿に盛る。

●歯ごたえよし、辛味よし、塩のニガリがかすかに出て、特に清酒に合う。

【タコ焼き】

①生ダコかゆでダコを薄く切る。

②串に刺して焼く。間にネギをはさんでもよい。

③薬味は山椒。醤油でもいい。

【イカ肝臓刺し】

①新鮮なイカの肝臓を用意する。刺し身のときのあまりなど。

②ブツ切りにし、切り口を上に並べる。

③切り口に豆板醤をちょこっと乗せる。

●この肴は「野宿のお通し」でいちばんの推薦品だ。だまされたと思って試しても、絶対に損はない。

・イタリア豆腐
・底にコゲつかないように
昆布を敷くとよい。
ダシもしみてうまくなる
・トウフを取るとき、コンブを
モッコにすると、トウフがくずれない。
アンチョビ

・タコ焼き

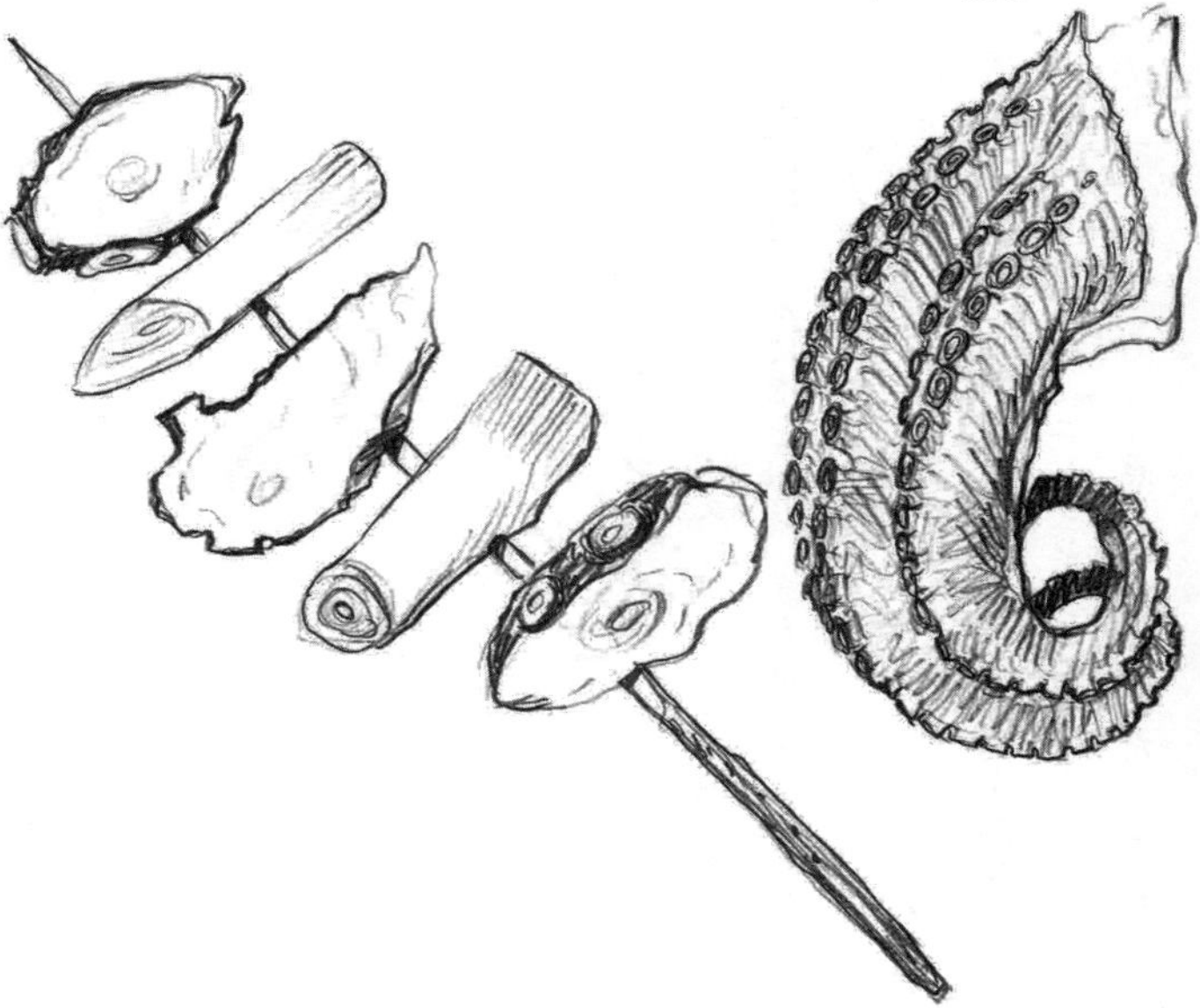

・イカ肝臓刺し

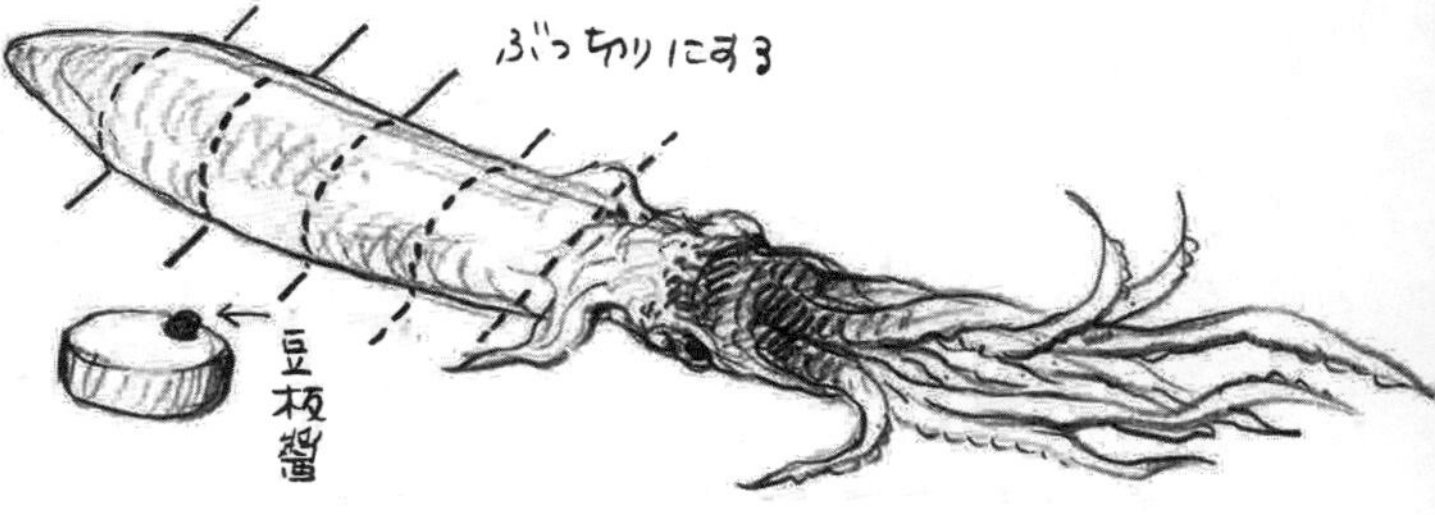

野宿料理、こんな三品

ここで紹介する三品はもともと本物があった料理の展開なので、オリジナリティはないが、味のほうは保証する。野宿料理のバリエーションとして紹介しよう。

【我流トムヤムクン】

①ニンニクとショウガを大量にすりおろし、そこに醤油を多めに入れ、酒少々と好みの量の一味唐辛子を入れてたれを作る。
②豚の肩ロースのスライスにコショウと塩をまぶして①に入れ三〇分寝かす。
③大コッフェルに水を張り、漢方茶（ナツメなどが入った袋入り）と煮干し、鷹の爪を大量に入れて火にかける。
④②の寝かしたものをオリーブオイルで軽く炒める。
⑤③が充分（二〇分以上）煮えたら、具を濾して、④を入れて煮る。
⑥そこにタマネギ、ニンジンの乱切り、トマト丸ごと、ムキエビを入れて煮る。
⑦トマトが崩れるほど煮えたら、①のたれとありったけの香辛料を入れ、最後にパ

イナップル（あればレモングラス）か酢を入れてさらに煮こみ、塩か醤油で味を調えてできあがり。

●辛味が持ち味のタイ風スープ。体がよく温まり、酒が進む。最後の醤油の代わりに、しょっつるなどの魚醤を入れるとさらに味は引き立つ。

【焚火煮豚】

①ニンニクとショウガを大量にすりおろし、そこに醤油を多めに入れ、酒少々と一味唐辛子を入れてたれを作る。

②豚のモモかバラ肉のブロックにコショウと塩をまぶし、肉たたき棒でたたいて柔らかくし、一〇分寝かせてからヒモで縛り形を整える。

③②を①のたれに浸して三〇分寝かしたら、オリーブオイルで表面がこげる程度に炒める。

④大コッフェルに水を張り、多めの煮干し、③のブロックを入れる。ここまでコンロの火を使うと失敗がない。

⑤④に①のたれを混ぜて、肉が隠れるほどに水の量を調節しながら加えて焚火の熾《おき》にかける。不要な青ネギの葉でフタをすると風味が増す。

⑥あとはこがさないようにときどき見ながら、数時間煮こむだけ。
●たれがドロドロになったら食べごろだが、ひと晩置くとさらに旨くなる。④のときにゆで卵を一緒に入れても、煮卵ができてうまい。残り汁を持ち帰れば、ラーメンのスープになる。

【山海徘徊丼】
①昆布、鰹だしを取る。
②鶏のひき肉とマイタケ、シイタケ、タケノコを適当な大きさに切ってオリーブ油で軽く炒め、①のだしを入れて煮る。煮立ったらエビを入れて、醤油で味を調え、また火にかける。
③といだ米に、炊き水の分量だけ、②でできた煮汁を入れて飯を炊く。
④米が炊き上がったら、②の具を上に乗せて、再び蒸らす。
⑤蒸らしが終わったら、具と飯をかき混ぜてできあがり。
●②の味つけは少し辛めにするといい。山の幸、海の幸を徘徊するように食らうからこの名をつけた。海の幸は、アワビやハマグリなどの貝類を入れればさらにリッチになる。

・我流トムヤムクン

・焚火煮豚

・山海徘徊丼

野宿料理、おすすめ三品

野遊びの仲間というのはだんだん定着するもので、僕にもいつも一緒に行く仲間がいる。何を隠そう、本書の共同制作者がそのメンメンである。幸いなことに、みんなオリジナリティに富み機転の利いた野宿料理の達人なので、いつも労せずして旨いものを食べさせてもらっている。そんななか、あえて三品挙げるとすれば、次のようになろうか。特にオリジナルではないが、手間暇がかからず旨い、というのが野宿料理としての条件にかなっている。

【爆弾鍋】

①大きめの鍋に、煮干し、みじん切りの鷹の爪各一袋見当でだしを取る。鷹の爪は好みによって増減する。

②ザルでこしてだし汁を取る。

③唐辛子まみれになった煮干しのだしガラに、醤油をひと振りしてつまみながら一杯やる。あまったら次の日に食うとさらに旨い。

④だし汁は、塩、醤油で味を調え、大きめに切ったニンニクを入れ、火にかけて沸騰させる。
⑤三つくらいに切り分けた豚バラ肉の薄切り、大ざっぱにちぎったキャベツ（芯も含む）を入れ、煮えた順に食べる。これを三回戦くらいやる。
⑥残っただし汁に、冷や飯を入れ、ひと煮立ちしたら卵でとじ、オジヤとして締めくくる。
●鷹の爪、ニンニクの量によっては、次の朝、腹がしぶるので覚悟するように。

【たらこスパゲティ】

①できるだけ大きな鍋に大量の湯を沸かし、スパゲティをゆでる。鍋が小さいときはていねいに攪拌《かくはん》して、スパゲティの癒着を防ぎつつ、ゆで具合の均一化を図る。
②別の鍋で、みじん切りのニンニクを、オリーブオイルで軽く炒める。
③さらに別の鍋に、切り分けたタラコと卵黄を入れ、醤油をひと振りして、よく混ぜておく。
④ゆであがったスパゲティをザルにあげ、熱いうちに素早く②に移し、オリーブオイルとニンニクにからめる。

⑤さらに③に移し、よく和える。適当に取り分け、もみ海苔《のり》を振りかけて食べる。

⑥あまった卵白は、刻みネギなどと一緒にスープにするといい。

●①の湯は②や③で使った鍋を洗うのにとっておきたい。

【正しい日本の朝食】

これはレシピというわけではないが、野宿の朝、時間があるときは和定食と洒落てみるのもまた一興だ。

①米をきちんと炊く。

②鰹節や煮干しでだしを取り、味噌汁を作る。具は何でもいいが、アサリ、シジミ、ほうれん草と油揚げ、タマネギとジャガイモなどがスタンダード。

③納豆。そのままでもいいが、まな板の上にあけ、ナイフの背でひき割りにしてもいい。味は刻みネギと辛子のみと、いたってオーソドックスに。

④卵焼きを作る。プレーンでもいいが、刻みネギ、鰹節、シラス干し、ちりめんジャコなど、和風の具を混ぜこんでもいい。塩、醤油で味つけする。

⑤漬け物は、前の晩にキャベツ、大根の千切りなどを塩でもみ、重石をしておくと食べごろになる。七味を振ってできあがり。これはまったくの僕の好みなのだ。

・爆弾鍋　　Photograph by Mitsuru Hosoda

ハンティングナイフで魚をおろす

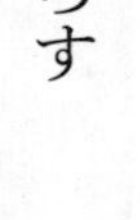

前にも書いたが、ハンティングナイフは両刃だ。刃は刃先に向かって曲線を描き、刃の背も厚い。このことから大まかにいえることは、ナイフは切る対象物に、刃が点（ポイント）で接する。逆に包丁の場合は、刃が線で当たる。この特徴をよく頭に叩きこんでおくとよい。

魚体に刃が点で当たるという特徴で、いちばん難しいのがウロコ落としだ。ウロコに当たる刃のポイントが小さいので、刃が横に流れてしまう。このとき力加減次第で、魚の身を切ってしまうことがある。ただこの場合は、大きくてウロコの粗い魚、スズキやタイなどがそうで、小さなメバルやイサキなどはその心配がない。

内臓を抜くときは、肛門にナイフを入れエラのほうに切り進む。胸ビレの下まで切ったら、食道を切り落とし内臓を抜く。魚が何を食べていたかを知りたいので、このとき胃袋を切り開き、内容物を見る。

背骨に沿ってへばりついている腎臓、俗に血合いという。これをナイフの柄の尻でこそげだす。身は流水より、コッフェルに塩水を作って洗ったほうが鮮度が保てる。

淡水魚、とくにイワナなどは魚体に
ヌメリがあるので、塩でよくもんで
すべりにくくする

野遊び生活の知恵が生む調理用品

コッフェルやカップ、スプーンにフォーク……。野宿料理に使う用具はさまざまある。それらを無駄なく使うことによって、野外でも、家庭のキッチン並みにバラエティに富んだ料理ができあがるわけだが、本気で料理しようなどと考えると、市販のキャンプ用品では、ずいぶんもの足りなさを感じる。

まず、だし取りだ。何もフィールドまで来て、昆布だし、鰹だしを取ることもないだろう、とは思うけれども、凝り出すとどうしても化学だしに頼るのは気が引けてくるからいけない。

このだし取りでも、昆布なら、煮出してから箸でつまめば事足りるが、鰹節のだしがらはどうしたものか。そこで考えたのが、だし取り用に、コッフェルの内径と深さがピタリとくる金ザルを手に入れればよいわけだ。

僕の金ザルは、そのへんの金物屋でも売っている市販品で、築地の市場にあるザル専門店で購入したものだ。この金ザルに昆布を入れて、沸騰したお湯のなかに入れる。だしが取れたら昆布を網ごとすくい出して、今度は金ザルに鰹節を入れて煮出し、昆布と同じようにだしが出終わったらザルごと出す。昆布・鰹だしのできあがり。

今では、だし取りのほかに、蒸し物や、下ごしらえをした野菜入れ、ちょっとした水切りにと、活躍している。この金ザルをもう少しお洒落にできないものだろうか、と考えていたら、野宿仲間のMがやってくれた。シェラカップをそのままザルにしたシェラザルだ。野遊びの生活の知恵というよりは、凝り始めたら止まらない野遊び人の性癖とでもいえるか。

フライパンは野宿ではかさばって意外に不便。市販のキャンプ用品のフライパンは、取り外しの利く把手《とって》つきのものが多いが、この把手が外れて火傷《やけど》をしたなんていう話も耳にする。もともと、フライパンの把手を取り外しできるのがおかしい話で、焼いたり、炒めたり、という力のかかる一連の作業を考えると危険きわまりない。

そこで考えたのが、始めから把手などなければ、それなりに用は足せるということだ。しかし持つところがなければ不安定。その代案として選んだのが、コッフェルの径に合わせて買ったイタリア料理で使う、パエリアパン。把手はふたつついているが、大きくて持ちやすいうえ、底が平らなので、ガスストーブなどでも安心して使える。

ただし重要なのは、食材がこげつかないような底面になるよう、充分使いこむこと。一回一回ていねいに使いメンテナンスすると、テフロン加工したようなこげつかない底面に育つ。もちろん、熱が把手に回るので、皮手袋は必需品。

要は発想や工夫次第でどうにでも変わる調理器具。やはり、金物屋や厨房用具専門店、雑貨店などをこまめに何軒も歩いて、工夫できる用具を考え、見つけ出すことだ。

ストーブだから作れる野宿料理

焚火を使わずに、ストーブだけで料理するとなると、野宿ではまず「手っ取り早さ」が先決のメニューとなる。

例えば、野宿場に着いた、まず酒、しかしつまみが欲しい……。こうなると、焚火を熾《おこ》す手間を考えずにできる調理が、面倒がなくていい。僕の場合、野宿仲間が多いときなどは、好き嫌いのあまりない卵焼きをすぐ作る。それもプレーンの卵焼きだ。卵焼きといえば野遊び仲間から教えてもらったトマトの千切り入り卵焼きは旨くて絶品だった。

暖を取るならスープがいちばんだ。たっぷり湯を沸かし、ニンニクとハムを軽く炒めて入れ、コンソメで味を調える。コショウや唐辛子などの香辛料を多めに入れて、野菜の腰が残る程度に煮こんでできあがり。香辛料のおかげで体がよく温まるのだ。

また、焚火と違って、雨の心配がないのもストーブ料理の便利なところ。雨が降っていても傘をさしていれば、安心して料理ができる。以前、秋田で料理店をしている友人に簡単にできる天ぷらを教えてもらった。彼によれば「天ぷらの命は火の回りが

安定していること」だそうで、ストーブは欠かせないわけだ。彼は近くの渓流沿いで採ってきた山菜、イワナを手際よく処理すると、天ぷら粉をつけて、油を六分目入れたコッフェルで天ぷらを揚げ出した。コッフェルは径が一〇cmほど、深さが一五cmを超えるサイズで、ストーブにピッタリくる安定さがある。

径は小さく深めだが火回りがよいので、油をあまり使わずともすぐにおいしい天ぷらが揚がる仕組みだ。途中雨が降ってきたが、傘をさせるので油がはねることもない。焚火だとこうはいかないのだ。

このようにストーブ料理に向いている料理というものがある。特に野宿ならではの料理のTPOがわかっていれば、おのずとストーブ料理の選択も容易になってくるので、場数を踏むことである。

また、ストーブ料理にはよく使いこみ、システム化した道具が必要となる。ストーブとはいっても現在出回っているものは結構火力があるので、こげつきやすいし、不安定な野宿場では、操作もしづらい。

その点、自分なりにシステム化し、使いこんだコッフェルやフライパンを使えば、鍋をひっくり返したり、こがしたりしない。これも、場数を踏むことで、自然とできあがってくる。

焚火料理のコツは熾にあり

燃えさかる炎に、串に刺した渓流魚をかざす。焚火料理というとすぐにこんな光景が思い浮かぶが、ほかにも応用ができる。それにはまず安定した火床《ひどこ》を作る必要がある。つまりたっぷりできた熾を利用するのだ。この熾を焚火の横に掻き出し、調理用の場所を確保するのが基本。次に、手ごろな石三個を三角形に置いてコッフェルの座りをよくする。これには煮物などが向いている。先に返しのある枝を火掻き棒にして、焚火から熾をコッフェルの下に掻き出して熱を保持する。

炒め物用には、太めの燃えさしを二本ハの字に並べ、その間に熾を掻き出すと火力がアップする。僕はフライパンを使わず、やや大きめのアルミ皿を鍋つかみではさみ、フライパン代わりにしている。それでも熱の強弱の調節は難しいので、フライパンを熾から外したり近づけたりして加減している。

焚火は予想以上に火力が強いので、熱から容器を遠ざけたといっても安心できない。煮物などはときどきコッフェルのフタをあけて確認しないと、なかが真っ黒コゲということはよくある。

第6章
快適な夜を……

快適な一夜のために

一日の活動が終わり、夕方遅く今日の野宿地に着いた。何はともあれ、まずは焚火用の薪《まき》集めだ。しかしその前にひとつだけやらせてもらいたいことがある。ザックから、サーマレスト・マットを引っ張り出して、バルブを開けるのだ。このマットはバルブから強制的に空気を入れなくても、なかのスポンジの復元力で自動的に膨らんでくれる。薪集めから戻ったらバルブを閉めるだけ、それで今晩の敷布団の用意はできたことになる。

あたりが暗くなるころ、焚火は赤々と燃え、宴《うたげ》の始まりとなる。僕はいつも飲み始める前に寝床の用意をしておかないと、何となく落ち着かないくちだから、シュラーフをきちんとシュラーフカバーのなかに入れ、すでに用意してあるマットの上に正しく置く。仮に酔眼で寝床に這いこんでもサマになるよう、念入りにセットするのだ。

幸い今夜は天気が崩れそうもないから、大地に悠々と寝ることができる。準備されたシュラーフは、今は力なく横たわり死んだ獣のようだが、やがてダウンが回復して

力強く盛り上がってくるだろう。そして僕がもぐりこめば、羽化直前の蝶の蛹《さなぎ》のように膨らむのだ。

そして焚火の枕が焼き切れ、炎が小さくなり、火床《ひどこ》の熾《おき》がチカチカと明滅するころになると眠りにつく時間だ。僕は靴下を脱ぎ、ズボンを脱ぎ、下着一枚になってシュラーフにもぐりこむ。僕のシュラーフカバーは大きいので、脱いだものは全部シュラーフとカバーの間に放りこむことができる。雨の日や冬には、靴まで放りこむこともある。ウエアを入れてあるスタッフバッグの枕の調子を整え、眠りに落ちる。

朝、シュラーフカバーの表面はたいてい朝霧や霜でしっとりと濡れているが、内部は乾いて快適で、昨晩脱ぎ捨てた靴下やパンツもおおかたさっぱりと乾いている。ゴアテックスのシュラーフカバーのおかげで快適な一夜を送ることができるのだ。

せんべいシュラーフ

長年使っているシュラーフ（何※と二四年だ。）は、フランスのドメゾン社の製品だ。陽にかざして見ると、かすかに残っているダウンが縫い目の端っこに、ちょっこりとたまっているのが見える。毎年、これじゃもうそろそろ寒くて眠れないかな、と思うのだが、足先の部分にはまだたっぷりダウンが残っているので、厳冬期以外は何とはなしにまだ用が足りている。

とはいうものの、ゴアテックスのシュラーフカバーと、ラクダの上下があってこそだろう。

ゴアテックスのシュラーフカバーは二代目で、雨降りでもテントなしで寝られるほど防水性が高い。川を徒渉して濡れた靴下をきつく絞り、シュラーフのなかに入れておくだけで朝になると乾いてしまう。何たってシュラーフのなかでも素足が気持ちいい。

ラクダはシュラーフのなかでは実に快適だ。最近はせんべい化してきたので、秋口と春先はダウンベストを着こんでもぐりこむことがある。十一月に田子倉湖で野宿したときのことだ。たっぷり酒を詰めこんでシュラーフにもぐりこんだ。珍しく夜中に小用に起きることもなかった。

朝方、肩のあたりがスースーすると思って、シュラーフの口を開けて見ると、一面小麦粉をまぶしたように真っ白に霜が降りている。ウヒャーッと思いシュラーフの口をかき抱き、口から熱い息を吐き肩口を暖め、またひと眠りした。

これらのコンビネーションが、せんべいシュラーフでもそこそこの寝心地を提供してくれるのだ。厳冬期にはダウンのたっぷり入ったシュラーフを使っているが、アメリカ式のサイドジッパーなので開け閉めが面倒だ。ドメゾンのような封筒型が使いやすいと思ったが、寒いときにジッパーがなかなか閉まらなくてモゾモゾしていると、けっこう体が暖まってきて、意外な効果に気がついたのだった。

※二〇一三年現在も現役で使用中です。

睡眠を追求する

テント、マット、シュラーフ、シュラーフカバーは、キャンプ時の睡眠には欠かせない道具。しかし、僕はいかんせん寝相が悪い。面積が体いっぱいのコンパクトマットでは、翌朝目がさめると、マットと、シュラーフにくるまった僕との距離が五mも離れていることがある。つまり、携帯性の高いコンパクトマットなど、僕にとってはほとんど無用の長物といえる。

だからいつも冷えにやられるかといえば、いいシュラーフを手に入れてからは、寒さで安眠できない、ということはなくなった。

それに、シュラーフカバーだ。今持っているシュラーフカバーは、※ハイパロン布製とミクロテックス布製のふたつ。ミクロテックス布製はゴアテックス布製同様に防水性、通気性に優れているので、ムレがなく安眠できる。そして、かなりの雨に直接打たれていても雨水が浸透してくるようなことはない。

新潟県を流れる清津《きよつ》川の源流で野宿をしたことがあった。同行した仲間はテントで寝ていたが、僕はシュラーフとシュラーフカバー一丁で河原にごろ寝した。夜半、雨が降り出しシュラーフカバーをたたく雨音。顔の部分から雨が入ってくるので、傘をさして雨をよけて再び寝入った。心地よい雨音で快眠できたことはいうまでもない。この防水性には驚かされたものだ。

野宿は究極の野遊びだと僕は思う。焚火を囲み、旨いものを頬張り、星を見上げては酒を呑む。酔いが回れば、待っているのは快適な寝床。テントも立てず、野に寝入る野宿は自然との距離感が縮まり、その懐に抱かれているような奇妙な感覚に陥ることすらある。顔だけ冷たい夜気にさらし、シュラーフにもぐりこむ快適さ。まさに野遊びの究極の悦楽だろう。

かつての秋の長野でのこと。河原で景気よく焚火をして、酔いが回ったのでテントに入りこみ、ひとり寝たことがあった。夜半、雨が降り出した。それもかなりの本降りである。テントを立てた場所がまずかった。地面に降った雨は小さな流れとなり、あちこちからテントの立っている場所を目指す。当然テントのなかに水は入りこみ、僕は寝るに寝られない。断熱性のあるコンパクトマットもなく、防水性のあるシュラーフカバーもない。安物シュラーフは水に濡れべたべた。濡れネズミとなった僕は、ひと晩中寝ることもできず、寒さに打ち震えるばかり。雨が降っても快適な野宿を楽しむには、それなりの装備が必要だと痛感した体験だった。

しかし、今持っている羽毛のシュラーフも野宿で頻繁に使ったため、縫い目から羽毛が飛び出すようになり、そろそろ新調しようかと思っている。

このシュラーフとシュラーフカバーがあれば、たいていの野宿はこと足りるのだが、寒さの厳しい冬となると、寒がりの僕はやはり底からの冷えが気になる。となると、手ごろなマットが欲しいが、先に記したように僕にコンパクトマットは役立たない。

そこで、マットの代わりになるものを現場で仕入れることにした。冬なら枯れたススキや近くの林で枝打ちしたスギの葉、夏ならオオイタドリやヨモギの茎と葉だ。これを大量に拾い集めて、ベッドを作る。もちろん、自分の寝相を考えて、体がはみ出さないように周囲を高くする。すると、寝ている間に体になじんできて、使い慣れたベッドのようになってくれる。これは実にありがたい天然のマットだ。

山に登るでもない、釣りをするでもない、自然観察をするでもない、お気軽野宿なのだが、やはり夜の楽しみは酒、それに大自然のなかの快適な睡眠だ。その快楽のためには、努力を惜しんではいけないのだ。

※かつてレインウエアやシュラーフカバーなどによく使われていた、防水素材の名称。現在は流通していない。

天然素材に限る野宿のアースマット

体温は地表から奪われる、というのに気がついたのはずいぶん前のことだった。キャンプを始めたのは小学五年のときで、アースマットなどという洒落たものがないのが当たり前。グランドシートの上にセーターや毛布を敷いて使っていたりした。そのころは、白い帆布製の三角屋根のテントを使っていた。

野宿をするようになったのは高校のころだ。アースマットが登場したのは、さらに社会人になってからだ。しかし、雨に降られてからアースマットが野宿に向かないことがわかった。雨がアースマットにたまり、池になってしまうのだ。それでなくてもアースマットはシュラーフが滑って使い勝手が悪いと思っていたので、即やめにした。

そこで使い出したのが天然素材だ。オトコヨモギ、ススキ（これも天然素材のなかではシュラーフが滑る）、クズ、イタドリ、スギの枝、とにかく何でもいい。野宿地に生えているものを現地調達する。

天然素材はよほど尖った部分がない限りは、背中に当たってもそれほど気にならない。一度こんもりと積んだ上にゴロンと寝転んで、寝心地を試してみるといい。オト

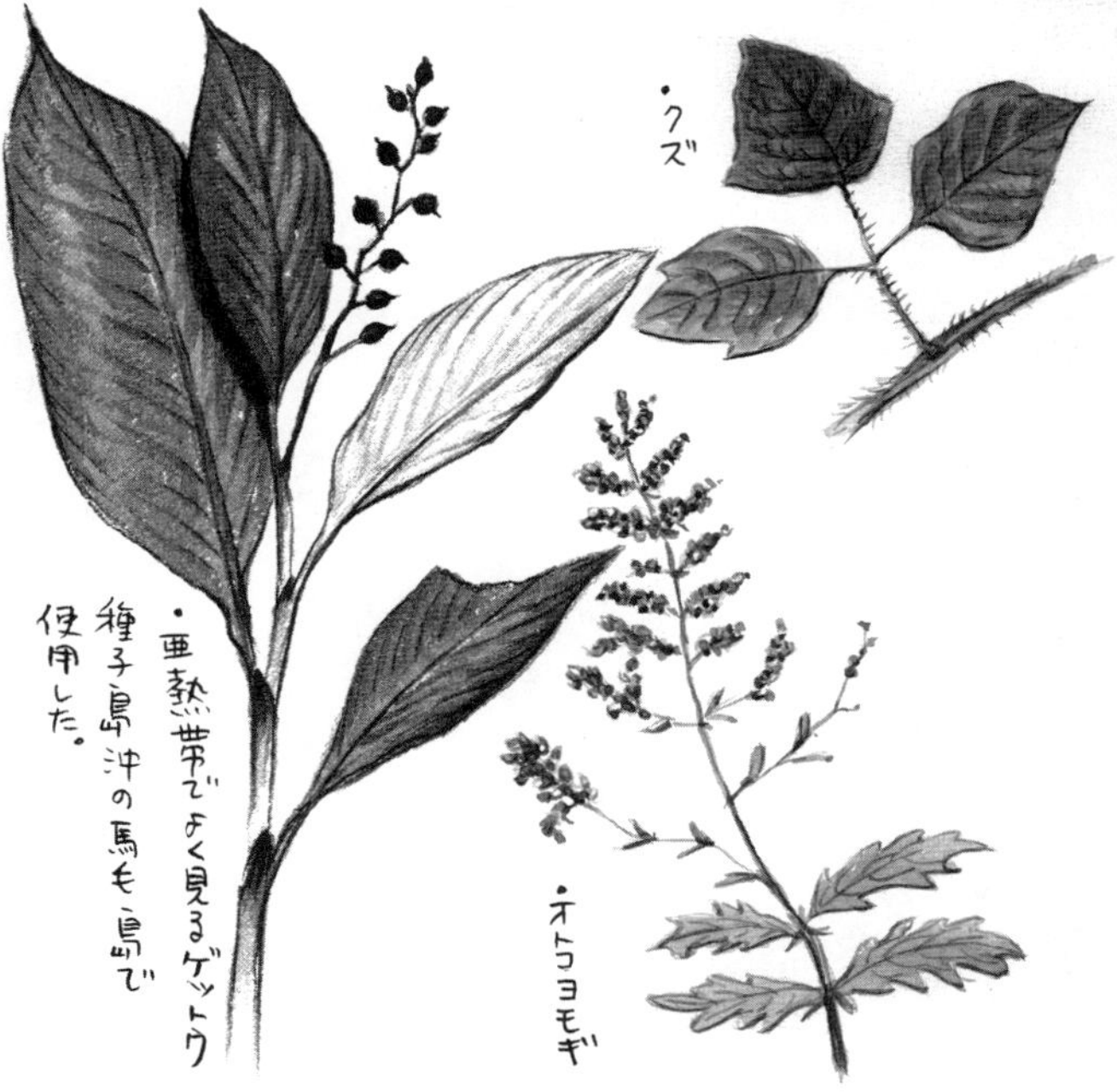
・クズ
・亜熱帯でよく見るゲットウ
種子島沖の馬毛島で
使用した。
・オトコヨモギ

ココモギは薬効があるのか、背中がポカポカしてとても暖かい。朝片づけると、オトココモギを敷いていた部分だけ地面が白く乾いている。

僕が森林限界より上へ出かけない理由は、薪がないので焚火ができないというのと、アースマットの材料が手に入らないからである。

変わり種のアースマットは、牧場で使っている牧草の塊だ。これをたっぷり敷いて、雪の知床で快適な野宿をした。その冬は比較的暖かく、寝入りばなでマイナス三度Cくらいだった。隠岐《おき》諸島に行ったときはワラのコモを買って、アースマットにしたが、その効果たるや抜群であった。ノルウェーのサーメ人のティピーに入れてもらったとき、彼らはまだ冬芽の固いシラカバの枝をギッシリ敷き詰めていた。ふんわかとクッションが効き、とても暖かかった。

天然素材のアースマットを刈るのは、ハンティングナイフだとえらい手間がかかってしまう。長い間これにピッタシのものを探していて、ついに石川県の雑貨屋で発見した。それは三徳の肥後《ひご》の守《かみ》で、ノコと鎌とナイフがついている。この小さな鎌の威力は恐ろしいほどで、弾力のある刈りにくい笹もすぐに切れる。この肥後の守の出現で、アースマットの寝床作りがとても楽になった。今はノルウェーで入手したトナカイの毛皮を使っているが、これ以上のものは考えられないほど優れている。

メガミットで快適雪暮らし

里で、桜の便りが聞かれるころになると、テレマークスキーを履いて山々を駆け巡る季節がやってくる。稜線はまだ冬だが、強い陽差しと夜の低温に繰り返しさらされた雪はしっかりと締まり、最高に滑りやすくなるのだ。

積雪が豊富な山に出かけるとき、僕らはテントを持たない。持っていくのは雪用のスコップとスノーソウ、それとメガミットだけだ。ねぐらを、雪に掘った穴、つまり雪洞《せつどう》に求めるのである。

普通、雪洞には二種類ある。積雪が豊かな斜面に作る横穴式と、積雪が少ないときに掘る縦穴式だ。

横穴式は、内側がドーム状になっていて、内部は暖かく快適だが、充分な雪が必要だし、掘るのにも手間がかかる。反面、縦穴式は、なかに人が座れるくらいの深さの穴を掘り、上にスキーや木の枝を渡してシートをかけ、天井にする。とても簡便で、雪が少なくてもできるが、ただし保温性には欠ける。

メガミットがあると、この縦穴式雪洞もさらに楽になる。

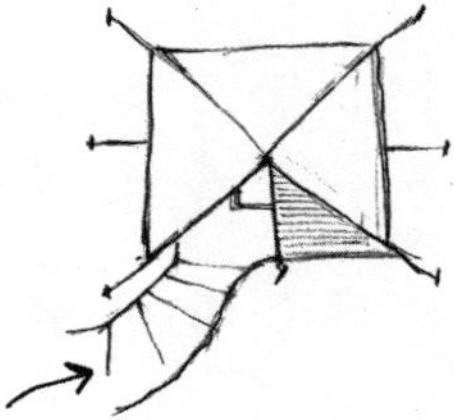

平面図

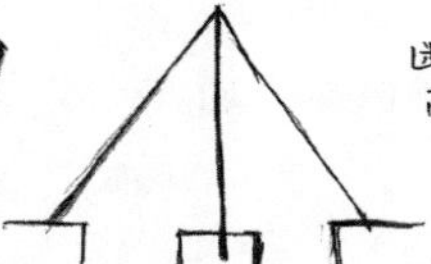

断面

どんなふうにするかというと、まずメガミットの四辺より少し小さめの穴を掘る。深さは自由。真四角で壁が垂直の穴を掘るのだ。その穴の上にメガミットをかぶせ、四隅をペグを埋めて固定し、さらに裾回りを雪のブロックで完全にふさぐ。そうしたら、ツアー用のストックを二本連結し——最近のストックはゾンデとしても使えるようにグリップを外し、連結できるようになっている——、これをポールにして長さを自由に調節し、設営は完了だ。

これで子供が初めて描く家の形の雪洞ができる。穴が深ければ階段を作って出入りすればいいし、穴が浅ければメガミットのファスナーを使う。ポールに強度を出すため、中央にブロックでテーブルを作るといい。

これは、緊急用というより、最初から積極的にメガミットを利用する方法で、山登りに限らず、雪の野遊びとして一度ぜひ試してみるといい。快適な雪暮らしが楽しめる。

野遊びの厨房室、メガミット

僕は風呂が好きである。だから風呂嫌いの奴とは、本当は野遊びは一緒にしないことにしている。僕にとって風呂は快楽を追求する方法のひとつだから、やはり快楽を追求する野遊びのスケジュールに風呂を入れれば、最高のものとなるわけだ。ところが、野遊び場に風呂はない。雨が降ってきたときに湯治場に避難すれば風呂に入れるが、いつもそうばかりとはいかない。そこで考えたのが、ときどき使っているタープを使った露天風呂作りだ。

まず、大きめの焚火を昼間から焚き、そこに多めに河原の石を入れて熱する。大きさは一〇cm程度の石でいい。そして薪をくべながら三時間程度焼くと、石は芯まで真っ赤に燃えるようになる。今度は川沿いに人が横たわって入れるほどの穴を掘る。砂底になっている所などが掘りやすい。そこにタープを敷いて水を入れ、真っ赤に燃えた石を入れると水は沸騰するほどに熱くなる。あとは川の水で加減してやれば、四五度の適温露天風呂の完成だ。

また、露天風呂ではなく、サウナというのもある。用意するのは防水性があるテントとすのこ、バケツに入れた水。テントは透湿性などまったくなく、四隅を目張りしただけのゴム引き、四〇〇〇円弱の安物でよく、その底の中央部を五〇cm四方ほどカットしてあけておく。穴の四方のスペースにすのこを敷き、そこに裸になって座る。詰めれば六人は入れるだろうか。

入浴客がスタンバイしたら、露天風呂同様、真っ赤に燃えた河原石（サウナ石）をシャベルで運び入れる。五〇cm四方の穴の部分にサウナ石を数個並べ、バケツで水をかけて蒸気を立たせれば、みごとサウナに変身。入浴後の爽快感は露天風呂以上のものがあるのでおすすめだ。ただし、真っ赤に燃えたサウナ石を入れるときは要注意。適当にやると入浴客が大火傷《おおやけど》……などということにもなりかねない。

今まで何回かこの露天風呂とサウナに入ったが、風呂を出たあとは気分爽快、焚火に当たれば体はサラサラ、酒も進むといった具合。快楽の夜が過ごせたのだった。防水がきちんと施されたタープやテントだからできる野遊び。風呂嫌いのMにぜひすすめたいと思っているのだが……。

ところで、野遊びで何がいやかといえば、やはり雨だ。トイレがどうのこうの、とグチってりゃすむ女子供（失礼！）じゃないから、たいていのことは成り行きでクリアしてしまうが、やはり雨は苦手だ。始めから雨が降っているときは、もちろん野遊

びなんかしない。しかし、雨男の悲しさか、野遊び中に雨に降られることがほとんど
なので、雨の対策はぬかりなくしておきたいと、日ごろから思っている。それでも料
理中に雨に降られると、まるで、やる気がなくなってしまう。そんなときに知ったの
がメガミットという覆いのシステム。
このメガミット、ひとり用のタープといえばわかりやすいだろう。隔離されるよう
なテントが嫌いだっただけに、底がなく、出口を完全にオープンできるのは、開放的
で、非常に動きが楽だ。テントだと空は見えないし、濡れものは持ちこめないし、料
理も満足にできない。それにあんな狭い所で男四人が寝るなんて、考えただけでもぞ
っとするではないか。僕は男は嫌いだ。

とまあ、そんなわけで手に入れたメガミットを秋田の沢に持ちこんだ。ところがい
きなりの雨。どしゃ降りの夕立だ。それも料理をしている最中だった。急いでメガミ
ットに避難したのだが、まず安心。なにしろ底がないから下は地面そのまま。水も使
えるし、焚火だってできるのだ。また、広さも充分だし、身長一七二cmの僕でも立て
る高さがある。雨が降り出す前と同じように料理を続行し、雨がやんだころには元に
戻って焚火を囲み酒宴を開催できたのだった。メガミットは僕の大事な「野遊びの厨
房室」である。

野遊び三九の訓戒

一　むやみに人生を語る奴は敬遠せよ
二　体育会の乗りも敬遠せよ
三　流行でいうな語るな自然保護、おまえのクソはどこでした
四　あなどるな、釣り師こそが川殺し
五　持ちこんだゴミは捨てるな持ち帰れ
六　口や足、臭い奴は野宿に来るな
七　意味もなく首にタオル巻く奴撤去
八　似合うとは絶対思うなタオルでハチ巻
九　間違っても誘うな口先だけの奴
一〇　晴ればかりが天気じゃない。どしゃ降り楽しむ心のゆとり

一一　愚の骨頂、二時起き四時発山ヤの掟
一二　酒選び、君のセンスを問うている
一三　呑んだら吐くな、吐くなら呑むな
一四　食べる分だけ食料調達
一五　タラ、ウド、コゴミ、二番目採るな山の幸
一六　食えぬのに、やたらに採るな山の幸
一七　できもせぬ野外料理に口出すな
一八　まず生で、焼いてもダメなら煮て食おう
一九　山菜のアクも揚げれば飛んでいく
二〇　野外料理、拾うものあり捨てるものなし
二一　焚火料理、その真髄は遠赤外線の効果なり
二二　焚火料理、その一品は家庭料理の価千金

二三 整理整頓焚火の周り
二四 山燃すな、キャンプファイヤーは子供の遊び
二五 焚火に小便㊩マーク、臭いしおまけに灰が飛ぶ
二六 酔って豹変、焚火に飛びこむバカは死ね
二七 焚火前、叫ぶな歌うな暴れるな
二八 焚火の前ではみな平等
二九 雨が来る、焚火の煙が回ってる
三〇 今宵また煙男にみな感謝
三一 酔って歩くな焚火の周り
三二 焚火の前、化学繊維は要注意
三三 出刃よりナイフ、生活臭は遠ざけよ
三四 持ちこむな、家庭用品ホームウエア

三五　一本のヒモにも野外の知恵はある
三六　かわいい道具は旅して探せ
三七　ブランド品にも弱点あり、安い品でも工夫次第
三八　野遊び場は来たときよりも美しく
三九　野遊びは一日にしてならず

あとがき

細田 充

それまで、あちこちでいろいろなことをやっていた連中がいつの間にか集まって、それぞれが肩肘《かたひじ》を張らず居心地よく、野遊びを楽しむようになった。釣り師だった奴もいれば、クライマーだった奴もいるが、そういう過去にかかわらず、なんとなく感性が合って慣性でこういうことになったのだと思う。別に筆記や実技、面接といった試験があったわけではない。だから現場でリーダーの指示を仰ぐこともなければ、あしろこうしろという奴もいない。みんな勝手に動き回っている。それでトータルしてみると、うまい具合に事が運んでいる。

この本はそんなことを各自が勝手に書いてみたものだ。したがって、この本を野遊びの入門書、技術書だと思い、期待して読むと大きな間違いを犯すことになるだろう。僕らは、人に手取り足取り懇切ていねいに何かを教えるなどということは苦手だし、するつもりもない。

僕らは冒険しているわけではない。ゆったりのんびり、できるだけ何もしないためにフィールドに出かけていく。つまり怠けにいくわけだ。しかし怠けるためにはない知恵を絞り、あらゆる努力を惜しまない。一見矛盾しているようだが、これが僕らのやり方なのだ。だから、たった一冊の本で野遊びのことを手っ取り早く知りたい、なんて考えている人はきっと失望するぞ、といっているのだ。そういう人は、遊びというものを仕事の合間の暇つぶしくらいにしか考えていないのではないだろうか。遊びはそんなに簡単なものではない。

「遊びには全知全能を傾けること」

本書から学ぶものがあるとすれば、この一点だろう。人は基本的に「いつも遊んでばかりいたい」と考え続けている動物だと思う。その考えを行動に移す起爆剤に、本書がなってくれれば、僕らの目的は達せられたのだと思いたい。

文庫版のためのあとがき Ⅰ

野宿仲間の細田が亡くなって一年になる。彼の訃報《ふほう》を知って驚き、また悲しみもした。そして焚火を囲って幾度となく酒を酌み交わしたことを思い出した。そのなかでも、炎を愛でながら『ワイオミング』の話をしたことが強く刻まれている。アメリカ映画で、原題は「マウンテン・マン」。直訳すれば山男。が、むろん登山家のことではない。西部開拓時代に未踏の大自然に挑んだ先駆的存在で、奥地に分け入って罠《わな》で毛皮を獲るので「トラッパー（罠師）」とも呼ばれていた男たちの映画だ。

この映画に登場するふたりの男が、それぞれのテリトリイで猟をして、オフシーズンに、約束した場所で会おうと約束をするくだりがある。約束の季節は厳冬期。チャールトン・ヘストン扮する毛皮に身を包んだ男が、だだっ広い雪原の約束の場所にやってくると、相手が焚火をしながら待っている。そしてひとこと「遅かったじゃないか」と呟《つぶや》く。

このシークエンスが最高だと、細田は目を細め、口をとがらせて語気を強めるのだった。過酷な自然のなかでそれぞれが困難を克服して過ごし、何ごともなかったように再会をする。細田はこの短いやりとりのなかに、彼の深層に眠るダンディズムを揺すぶられたに違いない。だから彼にとってその場面が最高なのだ。

本書のあとで刊行した『大人の男の実践・森の生活』を書き下ろすために、僕と細田、真木の三人は四月、山梨の秘密の焚火場で、一三日間野宿をした。そのとき仕事の都合で細田が、どうしても一日だけ街へ戻らなくてはならなかった。そのときの悔しがったことといったらなかった。この悔しさも彼のダンディズムだろう。

焚火の前で三人が誓ったことがあり、それは腰が曲がったジジイになっても野宿と焚火を続けようという、浮き世離れしたことだった。童謡「船頭さん」では「今年六〇のおじいさん」と歌われているから、細田と僕はれっきとした爺さまになっていたので、とりあえず誓いは達成したことになろうか。先立った細田はきっと、逝ってしまった世界でひとり焚火をしながら待っていて、僕が着くや何ごともなかったように「遅い」とひとことつぶやくのではないか。こんなことをふと思ったのは、本書の文庫化にあたり細田の文章の校正をし、その行為で、かつて読んだときと違う細田の世界に一歩踏みこんだような気がしたせいかも知れない。

さようなら焚火の友。

花冷えのする金曜日に　本山賢司

II

なるべく遅くていいから、焚火の前で待っている。

細田充

「年寄りの病気自慢」というのがある。僕もそろそろ自慢のひとつでもと考えていたら、まんまと病気になってしまった。まずは肺。市民健診で得体の知れない影が見つかった。検査入院をするも原因不明、今も年二回の病院通いを続けている。次が胃。神経質な僕は年末になると〝手元不如意〟が原因で急性胃炎を患う。医師のすすめでピロリ菌を駆除するも、昨年末に再発。やはり〝手元不如意〟が原因だった。とどめが高血圧。ジム通いのおかげで運動不足は解消されたが、高血圧は相変わらずだ。

病気というよりは加齢による体力の衰えというやつだろうか。本書が世に出たのは、すでに二〇年以上前。まだ三人とも意気盛んで体力も冒険心もあった。焚火を囲んでは野蛮な料理を作り、長々と酒をあおって互いの野宿道具を自慢し合っていた。僕の話などは、今読み返すと恥ずかしさで身が縮む思いだ。

それでも当時と変わらないことがある。地方に出かけて市場や金物屋、雑貨屋の看板を目にすれば、今も道具探しの虫が騒ぎ出す。昔ほどではないが、時間があれば旅先の野に宿を求め、時には焚火を楽しみ、自己流トムヤムクンや焚火煮豚に舌鼓を打つ。つまりは、野宿の回数は減ったが、怠けグセは変わっていないわけだ。

その延長線上で十余年前、東京を脱出して谷戸を借景にした貸家に引っ越した。春は庭に芽吹くヤブカンゾウやニリンソウを味わい、夏の夕方は海風に涼み、秋は枯葉のアースマットに寝転ぶ。パン焼き窯に薫製箱、おまけに露天風呂まで作って、野宿から遠のく冬の楽しみとした。

単行本の話を最初にもらったとき、実は正直驚いた。共著の本山賢司さんと細田充さんは、すでに野宿画伯と名クライマーとして広く知られていた人物で、とてもじゃないが当時の僕にとって肩を並べられるような存在ではなかった。それでも僕がおふたりについていけたのは、無類の野宿好きだったからだ。そして当時の担当編集者だった原康夫さんも野遊びに理解があり、テーマを自由に選ばせてくれたことも大きな力となった。あれから二〇年経って、今回の文庫化の話をいただき、これまた驚いている。こんな酔狂な本が再び日の目を見る日が来ようとは！

改めて久しぶりに単行本を読み返してみて、三人で焚火を囲んだ日々が思い出された。ただ、ただ懐かしかった。しかし、この話を一番喜んでいるのは、僕らを置いて先に逝ってしまった細田さんに違いない……。

ニリンソウの花咲く谷戸にて　　真木　隆

プロフィール

本山賢司（もとやま・けんじ）　コードネーム＝梟《ふくろう》

元祖、野宿画伯としてその勇名を四海《しかい》に轟《とどろ》かす。国内はもとより海外でも感性の命ずるままに野宿を続け、画文を発表している。岐阜の「三千盛《みちさかり》」をこよなく愛する左ききで、酒品きわめてよろし。ただし、独り言の名人と化すことあり。クロネコ、カラスなど黒い動物を好み、それらに出会うと目を細めることしきり。最近小説家として文壇にデビュー、多彩な才能を発揮しつつある。

細田充（ほそだ・みつる）　コードネーム＝土龍《もぐら》

かつては、より高くより困難を目指したアルパインクライマー。後年、深く反省し、野遊び人としてフィールドに出没した。とはいえ、カヤックでグランドキャニオンを下ったり、テレマークスキーで雪山を駆けてみたりと、助平根性が抜け切れないところあり。仲間内で「焚火男」の栄誉を与えられ、気をよくしていたが、徐々に酒に弱くなり、だれよりも早く寝こむことあり。本職は写真師。
二〇一一年十一月、肺炎のために永眠。享年六三。

真木 隆（まき・たかし）　コードネーム＝泥鰌《どじょう》

以前は極悪非道の釣り師だったが、現在は改心し、野遊びの王道を歩む。編集人にして、元会社社長、雑役夫にして、スタッフの苦情一手引受人という労苦に眠れぬ夜を過ごすも、いったん野に出れば、最近購入したダウンのシュラーフも手伝って熟睡することしきり。渓流でイワナのきらめきなど見ると、急に目つきが変わり、昔の性が頭を持ち上げることもある。ふだんはいたって性格温厚だが、酒を過ごすと焚火に倒れこむことあり。

★本書は、山と溪谷社より発行された同名の単行本一九九四年四月一日発行初版第一刷を底本とした文庫化です。本文は、原則、当時のままですが、一部、文末に脚注を加えました。
★復刻につき、本書掲載の商品情報等は単行本初版発行時のものです。その他の情報も、現在の状況や認識とは異なる記述内容もありますので、ご了解ください。
★本文・写真・イラストレーションは、文庫化に際して再構成しています。

大人の男のこだわり野遊び術

二〇一三年七月十日　初版第一刷発行

著　者　本山賢司＋細田 充＋真木 隆

発行人　川崎深雪
発行所　株式会社　山と溪谷社
郵便番号　一〇二―〇〇七五
東京都千代田区三番町二〇番地
http://www.yamakei.co.jp/
■商品に関するお問合せ先
山と溪谷社カスタマーセンター
電話　〇三―五二七五―九〇六四
■書店・取次様からのお問合せ先
山と溪谷社受注センター
電話　〇三―五二一三―六二七六
ファクス　〇三―五二一三―六〇九五

デザイン　岡本一宣デザイン事務所
印刷・製本　大日本印刷株式会社
定価はカバーに表示してあります

Printed in Japan ISBN978-4-635-04757-9